U0625451

棒棰岛·「金苹果」文艺丛书

晁

ChAO DEREN

德

仁

滕贞甫　主编

大连出版社
DALIAN PUBLISHING HOUSE

© 滕贞甫 2015

图书在版编目（CIP）数据

晁德仁 / 滕贞甫主编 . 一大连：大连出版社，2015.12（2024.8 重印）
（棒棰岛·"金苹果"文艺丛书）
ISBN 978-7-5505-1008-1

Ⅰ . ①晁… Ⅱ . ①滕… Ⅲ . ①晁德仁—生平事迹
Ⅳ . ① K825.72

中国版本图书馆 CIP 数据核字 (2015) 第 307735 号

策划编辑：张　波
责任编辑：金　琦
装帧设计：蓝瑟传媒（大连）有限公司
责任校对：彭艳萍
责任印制：刘正兴

出版发行者：大连出版社
　　地址：大连市西岗区东北路 161 号
　　邮编：116016
　　电话：0411-83620573/83620245
　　传真：0411-83610391
　　网址：http://www.dlmpm.com
　　邮箱：dlcbs@dlmpm.com
印　刷　者：三河市双升印务有限公司

幅面尺寸：170mm×230mm
印　　张：10
字　　数：116 千字
出版时间：2015 年 12 月第 1 版
印刷时间：2024 年 8 月第 2 次印刷
书　　号：ISBN 978-7-5505-1008-1
定　　价：68.00 元

晁德仁

1948年8月生于大连，国家一级美术师，中国美术家协会会员，辽宁省美术家协会顾问，辽宁省中国画艺术委员会副主任，大连市美术家协会名誉主席。曾担任第六、七、八届全国美展评委，获建国以来成绩突出的全国科普美术家称号，大连市政府文艺最高奖"金苹果"奖，享受国务院特殊津贴，获辽宁省、大连市劳动模范称号，被大连市委、市政府授予大连市优秀专家称号。

二十余幅作品入选全国美展，百余幅作品公开出版，作品被编入《中国现代美术全集》《中国新文艺大系（1976—1982）·美术集》《新中国美术50年（1949—1999）》《改革开放·中国美术30年（1978—2008）》等画册、杂志，多次被全国各大报刊介绍。

多幅作品在全国美展中获奖。代表作品《迎春》被全国中小学、中等师范、大学美术教材作为范画选用，为庆祝新中国成立三十五周年创作的四幅作品被选为全国纪念邮票用画发行。

作品多次在国外展出，并被中国美术馆及国内外收藏家收藏。

目录 Contents

苦乐人生

过往，无论是自豪、优秀的一面，还是落寞、欠缺的一面，都已成为过去时，该珍视的珍视，该记取的记取，这应当是正确人生的一种常态。流水有情，岁月如歌，而今，我即将跨入七旬的门槛，但我仍有一颗年轻的心，年轻的心不会衰老，因为它有瑰丽的梦想，梦想在，就有美的未来。

心底，那美丽的云朵

——我与美术创作结缘的历程

　　进入美术创作这方绚丽多彩的天地，对我来说或许不是误打误撞。

　　我1948年8月生于海滨城市大连。1945年8月苏联红军进驻旅大地区，大连在反法西斯战争胜利之际回到了祖国的怀抱，并成为新中国诞生之前最早获得新生的一个城市。

　　记忆中，我曾随着爸妈回过一次故乡——河南省清丰县晁家小寨，一个平原上的小山村。爸说，我们的祖先就是"水泊梁山"的晁盖。我幼稚地想，说不定我长大也是一条好汉哩。

　　老家的房子有些破旧，屋里挺暗，一脸慈祥的奶奶一边慢慢地摇着纺车纺线，一边与坐在炕沿边的爸妈交流离别多年之苦以及无尽的思念，他们谈论最多的还是眼下的日子、城里的变化、乡下的变迁。唠呀唠，总也唠不完，而这些都好像与我无关，我便悄悄地溜了出来。

　　院子里几只母鸡正在不紧不慢踱着步寻食，一只趾高气扬的公鸡却紧随其后抢食、捣乱，石碾下一只黑猫慵懒地缩着身子趴在那里，目不转睛地欣赏着这挺有意思的一幕。门里东侧墙边，被铁链拴着的大黄狗不时地朝我张望，仿佛要说咱们已经认识了，我不会咬你的，一扫我和爸妈下车刚进宅门时的张狂。门外一侧，一棵又粗又高的大树把一些细枝和绿叶伸进了小院，既给黄狗营造了阴凉，又给小院带来一些生机。放眼远眺，墙外的青纱帐一望无际，像没边缘的墨绿毯子铺向远方。突然，我发现几朵粉红色的彩云正缓缓地向西移动，有时也停一停，但它们不总是粉红色，一会儿加进了黄，一会儿加进了白，色彩虽不成定式地变换，却始终不改那飘逸、妩媚、温柔的姿态。我不知道它们从哪里来，要到哪里去，也不知道它们为什么那么美，那么令人心醉。我只是痴痴地张望着。直到妈喊我吃晚饭时，我才恋恋不舍地收回目光，挪动脚步进屋后，心里似乎有几丝惆怅……

回到城里，我时常想起故乡天边那美丽的云朵，其实，在葱绿青山与蔚蓝大海相连的大连，要想看到故乡那般漂亮云朵的机会并不少，尤其是春秋两季的天上，一朵、十朵，甚至几百朵，只要有这种机会，我总要在放学的路上、楼前或窗口凝神张望。

我兄弟姊妹六个，我是老大，爸十七岁时从老家"闯关东"来到大连，先是打"卯子工"，后

在母亲的怀抱中

我的父亲和母亲

来才找了份相对稳定的工作，一家八口全靠爸的工资维持生活，其艰难之状，可想而知。只是小时候我对此认识并不深刻，深刻的是爸哮喘挺重，靠药维持身子，而且早出晚归。又瘦又弱的我竟然像爸，气管炎频发，三天两头就得住院。爸妈疼我，不仅不让我干一点儿零活，甚至吃的都要比弟弟妹妹好许多。我无所事事，就画天边那美丽的云朵，也画和平鸽、小狗和小猫，有时还用泥巴做小动物玩。妈看在眼里总是笑笑，而爸却渐渐有了重大发现，说我可能遗传了基因，说我爷爷就喜欢画画，至今，我仍珍藏着他老人家的一张古装人物小画。

小学六年匆匆而过，留下印象最深的是老师讲课时我在下面偷偷地画画，这自然免不了常挨老师的训斥和罚站。有意思的是，那时候好多同学都挺喜欢我的画。

　　初中时，气管炎加重，无奈住院、出院、再住院。我落课太多，总也撵不上，也不能上体育课，学校开展的好多活动都不能参加，为此爸妈对我的现状和将来时有担忧。爸说你乐意画画就画吧，自己有个一技之长，学会一门手艺，将来找工作就不愁了。我点点头，懂得爸说的理儿……

　　为了治好气管炎，四姨为我讨了个偏方，但四十天不能吃咸吃甜。四十天算个啥！只要能治好，八十天我都乐意。不久，我的病情大为好转。

　　全家人没有不替我高兴的。为了让我坚持画画，爸去自由市场买回纸笔、颜料和小人书。见爸这么支持，我便如饥似渴地几乎天天在家临摹小人书，临摹彩色的连环画，如华三川的《白毛女》《董存瑞》等，一边画一边揣摩，画了再改，改了再画，挺上瘾的。

　　那时我们家住的是解放前的楼房，楼上楼下是串通式的，邻居经常相互串门，他们见我画画有股子认真劲儿，总是夸奖和鼓励。一天，我突发奇想，就把我临摹的连环画拿给楼

在家中小屋作画

在创作中

里同龄甚至小点儿的孩子看，问他们，我画得像不像，他们看后几乎异口同声地说，像。我又问他们，我画你们，你们乐不乐意？他们纷纷说乐意、乐意。我高兴得差点儿蹦起来。于是他们就成了我画画的对象，女孩子也乐意做我画画的模特，一张又一张，整个楼的小朋友几乎都让我画遍了，他们和他们的家长看了都说我画得真像，一时，全楼没有不知道晁家的老大会画画。楼下的大婶对我爸妈说，你家这孩子将来肯定有出息；楼上的大叔对我爸妈说，你家这孩子长大以后说不定有大出息哪……

爸妈听后眼里都放异彩，他们的心愿是希望我将来能有个饭碗，至于他们是否期望我长大能成为一个优秀的美术家，这我真的不知道。高中上不了是明摆着的，为进一步激发我画画的热情，提高我画画的水平，爸大费周折，经朋友介绍，把我送进了大连铁路文化宫学习画画。受此消息的震动，当晚我辗转反侧，几乎一夜无眠。

去铁路文化宫学习的日子，我只知道早出晚归、风雨不误地去跟老师学画画，这完全不是我胆儿大，而是我压根儿就没想什么危险不危险。过了一段时间，我从文化宫的领导和老师的眼神里解读出他们对我勤勉、好学的认可，不久，我就被正式调入铁路文化宫，成了一名专职美术员，终于端上了爸妈期望已久的饭碗。在我人生的这个重要起点上，我以饱满的热情天天画画、写标语，如有机会画大幅油画，甚至画毛主席的大幅画像、大连火车站的巨幅油画，我也敢承担。今天看来，那个时期的大多作品虽然带有强烈的时代印痕，但给予我的莫大锻炼与提高却是不可否认的。

功夫不负有心人。1968年，我被临时抽调参加市阶级教育展览筹备阶段的创作工作，第一次有幸接触了美术界的一些前辈画家，心里既高兴又不免惴惴，生怕自己这个小字辈在这样的场合丢人现眼。任务领了后，我像小学生一样规规矩矩，不敢懈怠，更不敢张扬，只一门心思构图作画，最终以较快的速度完成了任务。交卷后，大家相互传阅，集体把关，没想到我的这组作品竟获得了前辈画家们的一致肯定。有的老画家还拍着我的肩膀说，不错不错，看来你小子还真有那么两下子……

在铁路文化宫的几年，我真有点儿青春年少、意气风发的味道，我越画越爱画，越画也越熟练。有朋友约我创作一幅宣传画，准备在刊物上发表，我就爽快应了，不久，这幅作品真的发表了！收到刊物，注视自己的作品，只觉得血液流动在加快，因为这毕竟是我得以发表的首幅作品，于是我激动地把刊物带回家。弟弟妹妹拿到刊物争相传看，似乎比我更高兴，爸妈更是乐得合不拢嘴……

1969年，为迎接省美展，市里文化部门组织重点作者抓紧创作，我有幸被选中，给我的任务是创作反映海港工人大干社会主义精神的大幅油画。

铁路延至海港，海港工人的生活我比较熟悉，但是，为了更好地表现主题，我必须再去海港观察与体验。登高望远，一艘艘满载货物的巨轮进出有序，一排排大型岸臂吊上下左右飞舞，船笛声、车笛声、哨声和钢铁的撞击声汇成雄伟、奇妙的交响曲。港区的繁忙景象，海港工人大干社会主义的精神与情怀，令我感动和振奋。

创作中，我虚心向老同志请教，同时认真学习他们娴熟的绘画技巧，终将油画《大战三万三》顺利完成。不久，好消息传来，《大战三万三》不但入选省展，而且在展出期间得到有关领导的好评。也正是这幅油画，再一次改变了我的命运，1970年2月，大连市群众艺术馆以我的参展作品和一些前作为依据，以发现培养年轻作者为理由，将我这个仅有初中文凭、年仅二十二岁的青年正式调入该馆美术组，从此，我便迈上了专业美术工作的道路。

应当说，能上到这一台阶是我逐渐走向成熟的一个标志。人的命运往往就是这般奇妙，有时艰难，有时顺畅，有时挫折，有时成功，但只要认准方向，执着不懈，你就会与幸运之神结缘。

市群众艺术馆美术组原是清一色的画家前辈，我的加盟无疑给他们带来了些许活力。我的好学、勤奋以及讨喜的性格，使他们对我爱护有加，指点频频，鼓励多多。他们鼓励我多去颇有特点的海岛深入生活，在生活中汲取创作的营养。

正是年轻的好时候，于是，我随渔船出海体验，去獐子岛下潜船上观察，去普兰店渔村临摹，一幅幅写生记录了我的兴奋和绘画技巧的提高，我的人物写生画在市美展中获得好评便是佐证。

1970年的冬天来了，对我来说，这是一个让我一生都不能忘记的冬天。为了参加省美展，单位派我随"元龙"号捕鲸船出海体验生活，并创作一幅反映捕鲸生活的大型油画。接到了这个任务，我有些兴奋，神往那令人耳目一新、颇有感性、刺激的画面。当我身着棉衣，匆匆赶到大连湾时，"元龙"号正在备航，轮机已经唱起，看来，人家正在等候我这个特殊的客人。

"元龙"号缓缓驶出港湾，我站在舷侧的甲板上任那爽爽的稍有寒意的海风迎面而来，极力想象着一次轰轰烈烈、定有收获的蔚蓝之旅。

我国捕鲸历史悠久，但到了现代，捕鲸技术却相对滞后，与其他拥有先进捕鲸设备及技术的国家相比较，我们还有很长的道路要走。因此，1963年11月，当我国自行设计和建造的第一艘大型捕鲸船——"元龙"号于上海问世，并于次年交与大连水产公司之后，它在我国就受到了较高的关注，被寄予了较高的期望。它屡屡驰骋于黄海、东海，战绩不俗，多次被国内媒体所报道。是的，我需要船长这热情而简要的介绍，但我更需要的则是那大海猎鲸的精彩瞬间。

随着轮机的欢唱，海风硬了起来，海水的颜色也深了起来。我紧紧握着舷侧的栏杆，仍觉得头晕，在驾驶楼里的船长似乎看出来了，便喊我赶快进舱。

躺在休息舱的板床上，我只觉天旋海转，闭眼、睁眼都觉得恶心。船往左摇一下，又向右摆一下，紧接着朝上扬起，之后再向后压去，如此往复的狂躁，让我的五脏六腑都快跳了出来。机舱的柴油味道不时渗进了休息舱，我再也忍不住，"哇"的一声就吐了一地。吐罢，稍感轻松点儿，可奇怪的是刚过了约两分钟又吐了，看来我真的完蛋了。船长进来了，他负责地说，如果挺不住的话，咱们就返航吧。我说不行，返航耽误了你们的海上生产不说，我也交不了差，所以我必须坚持到底。船长说克服晕船有个不错的办法，就是吐了吃，再吐再吃，慢慢就会适应风浪中船的摇晃。行，我就照此办法，喝点儿大米粥，再来几块咸菜，吃了吐，吐了吃，几天过去竟然好多了，只是仍未摆脱头涨、迷迷糊糊的状态。

海上的天气变化无常，时而发怒，时而温柔，三两天就变化一次。天气好时，我还是顽强地爬起来去驾驶室欣赏阳光下那一碧万顷的海洋，心里也顿觉敞亮起来。十天半月过去，其间，从高高的瞭望塔上传来几次"发现目标"的报告，但搜索、追踪，均无果。一次次折腾让我心里不知是什么滋味，后突发奇想，竟暗地里祈祷大海和龙王爷，让我们这个航程有所收获吧！

大概过了二十六七天的样子，那天海况不错，海面比较平稳，我们正在吃午饭时，久违的"发现目标"的报告再次传来。大家纷纷扔下碗筷，如同冲锋的战士，几个箭步便冲到结着冰凌的甲板上。当我带着相机赶到甲板上时，各司其职的渔工们已经各就各位，最吸引人眼球的就是船首正在瞄准的发炮手。

气氛异常紧张。看到了，看到了，一头长鲸在距船两百多米的地方正喷起高高的雾柱。轮机劲唱，船在加速，长鲸似有发觉，便东突西奔，忽左忽右，在好大的一片亮亮的浪花中仓皇逃窜，而船则尾随鲸踪，紧紧咬住不放。大约半个多小时的较量，长鲸似乎累了，奔突的速度降了下来，当船与它约距六十米，它那黑色的脊背露出海面的一刹那，我们的鲸炮响了，射出的炮箭准确命中！

乐了，都乐了，渔工们纷纷击掌相庆。在这一紧张、刺激、精彩的过程中，我的表现也似乎可圈可点，我始终用胳膊夹紧一条绳索，端着相机在船的颠簸中一次又一次地按下快门，生怕错失每一个生动的细节……

返航回到大连，那种别样的激动，那种独特的体验，简直让我难以言表，于是我去澡堂子痛痛快快地洗个澡后，站在案前稍经构思，《捕鲸》草图便一气呵成。后经推敲、修整，这幅大型油画就交卷了，并入选省美展，这是短短几年内我的作品第三次参加省美展。

好事连连。三年之后，当时国务院文化组准备举办全国连环画、中国画展览，市群众艺术馆要求我运用国画的形式再次创作《捕鲸》。他们是觉得捕鲸这一题材新鲜吗？是期望我在其他画种的创作上也能有所突破吗？个中原因我不得而知。记得单位领导还有这么一句：以前没接触的东西，现在可以学嘛。话虽简单，但语重心长，于是，我从书本里学，从一些优秀的国画作品中学，从我周围富有国画创作经验的老师那里学。经过一个多月的探求和制作，大幅国画《捕鲸》脱稿，并顺利入选全国美展，这也是我首次在北京中国美术馆看到自己的作品，激动和喜悦可想而知，在这里无需文字的赘述。喜事接踵而至，当年，这幅作品入选人民美术出版社出版的《中国画选集》，并被推荐远赴美国展出……

1973年，国画《捕鲸》在中国美术馆展出

如此，我真的感激生活，感谢生活给予我不菲的报偿和馈赠。没有扎实的生活和切身的体验，就不会有《捕鲸》的问世。毛泽东同志在《在延安文艺座谈会上的讲话》中指出："人民生活……是一切文学艺术取之不尽、用之不竭的唯一的源泉。"作为文艺工作者，不论你从事哪个门类的创作，都需要无条件地真诚地深入生活，拥抱生活，熟悉生活，并在生活中拓宽视野，进而获得创作的灵感与激情。倘若只热衷于关在屋子里的凭空想象，闭门造车，其作品必然缺乏根基，也就永远没有生命力。

深入生活的过程，也是文艺工作者向人民群众学习的最好的机会。优秀文艺作品的新颖立意、鲜明形象、生动情节，乃至富有个性化的语言，莫不与人民群众的丰富生活有着千丝万缕的联系。20世纪80年代的一个春天，我和美术组一位前辈画家受邀去我国唯一的海岛边境县长海县海洋岛创作一套反映安业民英雄事迹的组画，以配合海洋岛前哨部队形象化的宣传教育。刚到海洋岛，部队首长就为我们的住宿、作画空间做了特殊的安排，这让我们好感动。但是艺术馆领导给我们的时间有限，组画创作的任务量较大，加上我们对海防前线战士的生活又不够熟悉，内心的压力的确不小。好像是我国石油工人的代表"铁人"王进喜说过，油井没有压力不出油，人没有压力轻飘飘。如何将压力化为动力？我们一商量，觉得我们的切入点不是什么构思、构图和色彩的选择，而是要认认真真地先吃透组画文字脚本，吃透海军战斗英雄安业民生前的先进事迹。之后，我们又登上了云雾缭绕的哭娘顶，深入安业民岸炮连观察，熟悉前哨官兵的战斗生活，同他们唠家常，唠他们的理想与情操，唠他们日夜保卫祖国海疆的苦与乐。在体验生活的过程中，我们还做了一些必要的写生。内心充实，动力就足，创作的热情也就随之而来，经过一个多月的潜心创作，一套反映安业民英雄事迹的水粉组画出现在驻岛部队的展厅，并获得了驻军首长和战士们的一致好评。

20世纪70年代，我主要致力于宣传画的创作，如人民美术出版社出版的宣传画《发挥工人阶级的主力军作用，加速实现四个现代化》，人民美术出版社出版后由《民族画报》《连环画报》选用的宣传画《毛主席的革命路线胜利万岁——热烈欢呼第四届全国人民代表大会胜利召开》（应邀），人民美术出版社出版的宣传画《抗震救灾》（应邀北京创作），人民美术出版社出版的宣传画《全党动员向科学技术现代化进军》（应邀），辽宁美术出版社出版的宣传画《春天的花》《团结起来，为建设社会主义现代化而奋斗》《祖国四海欢腾》，人民美术出版社出版的宣传画《遵守纪律》，上海教育出版社的《培养共产主义道德品质》等等，既体现了宣传画的时效性、宣传教育性，应当说也具有一定的艺术张力。自然，这与自己的生活积累沉淀和艺术上具有一定的掌控力不无关系，否则，那些名气大或较大的美术出版社绝不会主动与你约稿或邀请进京创作，这也是实话实说吧。

群众艺术馆的工作，一项是自己创作作品，另一项便是组织创作，到基层调研，对广大业余文艺爱好者进行有针对性的辅导。在市群众艺术馆工作的十多年，可以说是我风华正茂的时期。其时，全市的美术创作十分活跃，起步较早的大连工人版画、大连宣传画《小荷才露尖尖角》和年画在全国画坛都有一定的名气，全市各种美术学习班、创作班如雨后春笋般成立起来，涌现出一批诸如旅顺海军某部业余美术组、大连第十五中学业余美术组等先进典型，专业、业余美术工作者创作的一批具有浓郁生活气息和艺术感染力的优秀作品屡屡让国内画界瞩目。在这一时期，我除了坚持自己的创作并创作出一批较有影响力的宣传画之外，便是深入基层调研和辅导，庄河、普兰店、瓦房店、金州、长海县、旅顺和甘井子区等地都留下了我的足迹。无论是去厂矿、农村和海岛，还是去部队和学校与业余作者交流切磋，或一起修改作品，或现场写生示范，都无不拨动我兴奋的神经，因为这种过程既是业余作者由衷的期待，又是我与他们建立友谊并从他们的作品中汲取养分的好机会。这一时期，我将其视为自己创作生涯中最为鲜活、最为活跃的时期。

　　1972年，市群众艺术馆与市师范学校在夏家河子联合开办了

为美术学习班学员示范

市文艺创作学习班，分设文学班、戏曲班和美术班。学习班脱产一年，学员全部是来自基层的文艺骨干，其中不乏已经有公开发表作品的优秀学员。学习班是市群众艺术馆自诞生以来的一篇主旨鲜明的"大文章"，它旨在系统地培养文艺创作骨干，努力发展与繁荣大连的文艺事业。

我有幸被选为美术班的辅导员，专门为他们写生，展示与分析作品，一同分享创作中的甘苦时光。在实习创作阶段，我和文学班的一位老师带领两个班的部分学员乘船去了长海县獐子岛。当时，獐子岛闻名全国，男人远海捕鱼，女人近海养殖、从事农业生产，到后来，女人也驾船远航捕鱼，一时"三八"号渔船名扬海内外。在岛上，我们满眼新鲜，的确有些兴奋，马不停蹄地访问刚从远海归来屡创大网头高产的"海上老闯将"，访问"自成一门"的专捕海参、鲍鱼等海珍品的下潜能手，访问常年坚持造田、艰苦创业的青年妇女突击队，访问免费上学的孩子和免费在敬老院享受幸福生活的老人……

海岛多雾，那天上午，雾开日出，天气朗朗，我带美术班的几个

在海岛辅导写生

学员去岛南高挂山腰的梯田写生，文学班的几个学员也跟了去。在我记忆中，是一位年岁比我稍长的文学班学员帮我提着画箱爬上山腰的。路上，我曾想把画箱抢过来，可又转念一想，明摆着的，肯定是抢不回来的，这分明是学生对老师的一份尊重，于是就顺其自然，或许这也是师生间真情友谊的见证吧！

到了半山腰，青年妇女突击队队员正在修造梯田，她们或挑或抬，或刨或挖，或挥锤或掌钎，她们个个挥汗，几乎人人脸上都洋溢着青春的笑容，这是我们在城里绝对看不到、想不到的生动画面。而朝北放眼眺望，海面一碧万顷，上下翻飞的海鸥追逐着点点渔船，被青山拥抱的渔村红砖绿瓦、起伏有致，海上地面，是一幅崭新的画卷。

不能让这种眼福稍纵即逝，于是，文学班的学员忙着现场采访，我和美术班的学员则快速地打开画夹，写生的对象或是青年妇女突击队队员或是獐子岛风貌，我的写生所展示的是几个青年妇女突击队队员劳动的风采。过了一段时间，当我勾勒完成，正用水粉点染青年妇女头上飘动的纱巾时，先前上山时曾帮我提画箱的那位文学班学员站在我身后一侧感叹道：真美，晁老师的画真美！我回头，只笑笑，而后，我又不禁自问：这飘动的令人愉悦的纱巾，是否就是久驻我心底的那漂亮的云朵？

在我人生的时光隧道中，总有一两个章节或细节不时地闪烁回放。1976年秋天，在唐山大地震之后，应人民美术出版社之邀，我赴北京创作大型宣传画《抗震救灾》。在宾馆奋战了一番正接近完稿时，中央民族学院突然来人造访，邀我去他们学院讲课，现场写生。一时，颇感突兀，对我来说，现场展示不难，在大连为基层美术爱好者现场展示的经历可以说是难以历数，但这次不一样，是我首受高等学府的邀请。他们是通过人民美术出版社了解到我这个仅有初中文凭和六年专业经历的美术工作者的历史吗？我不得而知，好像也不该去问，但我却知道在全国美术创作者的浩荡大河里，名不见经传的我只不过是一朵微不足道的小浪花。

去还是不去？思忖了一下，我觉得如果不接受邀请，人家肯定说你太牛，若接受邀请又有何妨？不能再犹豫。我就答应了，不过讲好，只在类似寝室的范围展示交流，因为我毕竟"出道"不久。

当《抗震救灾》交卷的第二天，他们就派车来接了。中央民族学院是一所有别于其他院校的大学，学生来自全国各个民族，学生的服饰让你目不暇接、眼花缭乱。当我被带进一个小型的展厅时，一百多名师生已在这里等候。人这么多，显然是对方"违约"了，可此时我不好再计较什么，心想，反正是现场作画，一个人是看，百十号人也是看，这回就看你小子的本事了。

当掌声把我送到画板对面的座位时，师生们很快用一个半圆把我围了起来，前面是坐着的，后面是站着的，再后面两排是站在凳子、桌子上的。但这种阵势的"考试"不仅没让我生怯紧张，反倒有点儿成竹在胸，落落大方。原因是什么呢？不知道，我只知道清醒地把我摸索到的技巧献给这些师生们，唯此而已，岂有他哉？

他们安排了一位前哨文工团的女演员作为模特，她有着优美的身条和姣好的面容。下笔吧，我边端详边勾勒，描摹的速度越来越快，约有两个小时，两幅人物水粉写生先后完成，现场观摩的师生先后爆发出两阵令我激动的掌声……

在体育界，关于竞技项目是激情在先还是理智居首的纷争一直没有明确的结论，有朋友问我，文艺创作包括美术创作，是激情在先，还是理智居首？这个问题还真有点儿不好拿捏。依据我几十年的创作实践，我觉得哪个在先、哪个在后似乎并不重要，重要的是，你应当突出的主题、开展的情节和塑造的形象，这里既受你的审美情趣、审美理念的左右，也有生活体验与积累的驱使。我想，美术创作上的激情与理智只有巧妙地糅合，交替使用，这种"自由"才会让你的创作"柳暗花明又一村"。

从北京返回大连不久，我便接到中央民族学院的邀请函，邀请我以进修的名义任教，并特意讲明我所需要的住房由他们解决。但因种种原因，我终与这个机会失之交臂，这成为我一生的遗憾……

人生中的遗憾多种多样，可谓五味俱全，或让你失落心酸，或让你彷徨惆怅，甚至使你懊悔一生，但凡此种种毕竟是翻过的一页，而欲翻开新篇，则需要直面的勇气和坚毅，继续执着追求你所钟爱的事业。

纵观我在20世纪70至80年代的创作，主调便是宣传画，说到这里，就不能不多说几句我所精心创作的后来被媒体称为"一夜走红""名噪全国"的宣传画《迎春》。其问世与成功，有一曲折。

1978年初夏，一家省级美术出版社组织几位作者创作一组宣传画，分配给我的任务是画一张反映科技现代化的作品。科技现代化是一幅怎样的图画？一般来说，你往往想到的就是天上的宇宙飞船、海洋中破浪的豪华巨轮、大地上奔驰的高速列车，还有高端实验室里科技人员正在攻关的画面，等等。但是，如果选用这些元素组合，是不是又陷入宣传画创作的公式化、概念化的窠臼？

文艺作品贵在新，这种新便是作品形式的创新和形象的创新，唯有新才有意境，才有艺术魅力。经过几日的苦思冥想，我也画了几张草图，但都觉得一般，是的，连自己都感动不起来的作品，想让读者感动岂不是一种奢望？离画期限定的日子不多了，其他几位朋友已开始净稿，这更让我坐立不安，好不心焦！

就在翻阅有关资料时，一张刊有三个月之前郭沫若先生在全国科学大会闭幕式上的讲话《科学的春天》的报纸引起了我的注意，他讲话结尾的那句"让我们张开双臂，热烈地拥抱这个春天吧！"充满着激情的力量和美好的向往，让我眼睛突然一亮，心底受到强烈的震撼。我知道我的创作灵感来了，我采取拟人的手法，大胆地让占据画面主体的美丽少女渲染春天的迷人和浪漫，而她手托象征科学的原子符号是为了突出"科学的春天"这一主题。严冬刚过，大地回春，雨过天晴，赤橙黄绿青蓝紫的彩虹成为画面的主色调，用以增加绚烂感与空间感，营造出一种宏观宇宙和微观世界的特殊效果。不能忽略的是，在盎然的春意中，象征科学女神的少女轻轻飘动的发丝渐变翠柳，一排大雁展翅飞向远方，象征美好的未来和希望，同时也象征着人们为迎接科学春天而奋力进取的青春激情、浪漫的情怀……

经过一整天紧张的勾勒、点染，《科学的春天》终于一气呵成。参加创作组画的几位朋友看了之后，都觉得这幅作品有些出人意外，挺有新意，但出版社的一位领导看了良久之后却摇摇头，觉得此画现在不宜发表。"不宜"的理由是什么？是与"政治气候"不相符吗？绝对不可能，因为全国科学大会刚刚开过不久。是这幅作品的创新色彩过于"超前"吗？

出于与出版社那位领导的相熟和对他的尊重，三十岁的我，一个小字辈，的确不好争辩什么，而且争辩也不是性格随和的我的长项。在这种情况下，我只能将失落藏在心底，另起炉灶，再画一幅交差出版……

1979年春，得知全国科普美展正在征集作品，我便把沉睡了近一年的《科学的春天》从箱底翻了出来，经过重新审视和修整，改名《迎春》。不久，《迎春》在北京征稿草图观摩会上大受好评，认为"它不仅具有形式之美，而且以形象的青春朝气、端庄优美、富有理想的表现力打动了人们"。当年年底，《迎春》入选由中国科学技术协会和中国美术家协会联合举办的全国科普美展，在开幕式上，邓颖超大姐在茅以升、张含英、周培源等人陪同下兴致勃勃地参观了这次美展。翌年1月，《迎春》获得一等奖。

《迎春》运气不错，且一发不可收——

中央电视台在报道全国科普美展的消息中选用《迎春》作为片头，并几次出现了《迎春》画面；

《人民日报》为《迎春》刊发专评《百卉萌动，人间春满》；

《迎春》被《美术报》《江苏画刊》《解放军画报》《中国青年》选用，并配有介绍、评论文章；

《迎春》被人民美术出版社、江苏美术出版社出版并全国发行；

在全国广大城乡，尤其是城市中心广场的楼间或重要交通枢纽一侧，《迎春》多被大幅、巨幅临摹展示宣传，有朋友出差在高海拔的西藏也看到《迎春》被巨幅临摹宣传；

多部电视连续剧根据剧情、时代背景的需要，选用了《迎春》；

1998年，《迎春》入选由人民美术出版社出版的《中国现代美术全集》；

2008年，《迎春》入选《改革开放·中国美术30年（1978—2008）》大型画册，该画册由中国美术家协会编，四川美术出版社出版发行；

2008年，《美术报》为纪念改革开放三十年中国美术的发展历程，在刊发专评《浪激潮涌三十载——纪念中国改革开放30周

1979年，宣传画《迎春》在中国美术馆展出

2006年，庆祝大连徐悲鸿艺术馆成立，与著名画家徐悲鸿夫人廖静文女士合影

年》时配发了四幅作品，而《迎春》是首幅作品且占四幅作品版面的一半；

2011年，《迎春》被中国美术馆收藏……

不断传来的好消息每每让我激动而又始料未及，我知道，这是一种幸运，也是一份荣耀，而更多的则是深深的激励、屡屡的鞭策。

创作《迎春》之后的大约二十年，仍是我创作激情燃烧的岁月——应人民美术出版社和天津、江苏、上海、辽宁、四川等地多家美术出版社邀请，为"五讲四美"活动、全国科技代表大会、纪念毛泽东同志《在延安文艺座谈会上的讲话》发表五十周年、纪念抗日战争胜利五十周年、庆祝中华人民共和国成立三十五周年、全国运动会、庆祝中国共产党建党七十周年、庆祝

1991年，旅顺博物馆举办沈柔坚画展，与著名漫画家华君武（左前一），著名画家、上海市美协主席沈柔坚（右二）在一起

中华人民共和国成立五十周年等重大活动创作宣传画，且均被出版，全国发行。其间，还为连续四届的大连国际服装节、大连——福冈通航、连续十届的大连国际马拉松赛等活动创作一批宣传画。这里，之所以不厌其烦地予以罗列，是因为我非常看重这些"邀请"和国家级或地方的"重大活动"。

在这批宣传画中，较有影响的是《壮丽的图景》等四幅作品（组画）。

1984年新中国成立三十五周年纪念日前夕，邮电部决定发行一套体现四个现代化内容的纪念邮票，并采取"定人招标"的方式，特邀全国各地多位画家参与创作。或许是《迎春》带来的影响，我有幸被选中。

构思创作中，我决意舍弃以往邮票所固有的表现模式，别出心裁地采用宣传画的表现形式，运用人物的头像来反映内容、突出主题，并分别布以橘红、绿色、紫红、蓝色的基调烘托工业、农业、军事、科技现代化，又分别定名《壮丽的图景》《希望的田野》《保卫你，祖国》和《科学的春天》。

草图寄走后不久，便接到邮电部的电话，告知我的这套组画已被选中，并须急赴北京作画。至京城，邮电部的领导见了我，他说这组草图之所以被他们及有关专家看中，就是因为我的创作区别于以前邮票的表现形式。我只笑笑。紧接着，我被请进了一家宾馆。经过多日闭门潜心创作，这套组画终于出炉。随之，这套邮票印刷并向全国发行，一时间，全国几乎所有的主流报纸纷纷予以报道、刊登，许多专业美术刊物也予以发表并介绍……

这是我继《迎春》之后获得的再一次荣光。谁都知道，全国有着极为庞大的集邮大军，他们的集邮热情与欲望持久不衰，而

在北京创作新中国成立三十五周年纪念邮票

1994年，应名古屋日中友好协会邀请，赴日举办个展

且积攒一套完整的庆祝国庆的邮票，绝非易事，如果能拥有这种邮票，且有邮票设计者的签名，那价值就"水涨船高"了。果不其然，电话让我应接不暇，随着时间的推移，这种热度虽然逐渐减弱，但至今仍有人以朋友托朋友或再托朋友的连环方式，请我在这套邮票上签字留念……

有句俗语叫"人怕出名猪怕壮"，是的，人若一旦有个名声，之后就得忙活，而忙活好了会受益，反之，则会祸从忙起，贻害一生。在创作《迎春》之后的多年里，我忙于各种社会活动，下江南、赴西北、走中原，或进行学术交流，或现场表演，或参加有关省市的美展活动。实话实说，有些活动的邀请就是为了追求所谓的名人效应，既然事前估计到或明白了活动肯定了无新意，那为什么还去参加呢？这里，还真有点儿"学问"。试想，面对活动举办方的领导的邀请，活动举办地的画坛名家的邀请，去，是无奈也是唯一的选择。不过人都得有点儿良心，把你奉为座上宾，吃好的喝好的住好的不说，人家一般都会邀你看看当地的名山名水，这不也是一种收获吗？但我要说的意思是这样的活动不能参加太多，多了势必影响自己的创作。

有些内容充实的活动、座谈会和学术交流真的会让你获益匪浅，难忘一生。如1980年我被邀参加在南京举办的全国宣传画创作座谈会，便是一例。座谈会上，面对参会的老一辈著名画家翁逸之、哈琼文和中国知名画家梁照堂、李醒韬等，除了低调、恭敬之外，我等小字辈岂敢放肆、张口？

会前，座谈会的组织者曾告知我在会上要结合《迎春》的创作发言，我知道，这是一次展样的机会，但会上我不知道哪儿来的理智，字斟句酌，小心翼翼，慎言与谦恭贯穿于发言的全过程。对于画坛前辈、画坛大家所关心的《迎春》的构思，以及当下宣传画的创新、语境，我较平淡地说了点儿体会和看法，绝无半点儿"拔高"。面对他们热烈的赞赏和厚重的期望，我心潮澎

和著名油画家、中国美协名
誉主席靳尚谊合影

在大连国际艺术博览会与中
共文史研究馆副馆长、中国文联
副主席、著名画家冯远在一起

1980年，在大连与著名画家
韩美林（右）聊创作

1996年，与著名画家、西安
美协主席王西京在大连合影留念

1997年，和著名油画家陈逸
飞在一起

湃感谢再三。面对他们从几十年的辛勤实践积累的难得的创作体会，我一一铭记于心……

也是1980年的事情吧，三十二岁的我当选了大连市青年联合会副主席。此后，又当选第六届、第七届、第八届全国美术作品展览评委，连续两届大连市美术家协会主席，连续两届辽宁省美术家协会副主席，连续两届辽宁省中国画艺委会副主任，连续两届参加全国美代会，并被授予省市劳动模范、建国以来成绩突出的科普美术家、国家一级美术师称号，享受国务院特殊津贴，并获得大连市人民政府的文艺最高奖"金苹果"奖的荣誉。经大连市委、市政府批准，我被授予大连市优秀专家称号。

无论是昨天还是今天来看，以上最风光的无疑是连续三届的全国美展的评委。第一次当评委是1984年，那年我三十六岁，年轻而耀眼，我作为评委的任务就是认真地按规则评审，全程紧张却不复杂，挺流畅的。至于任职省美协副主席、省中国画艺委会副主任，只是"跑龙套"，较为轻松的活儿。而让我付出心血最多的就是十年的市美协主席这一角色。美协与其他文艺门类协会的职责几乎一样，联络、协调、服务和指导，协会主席团除秘书长外，人员来自各条战线，都有自己的本职工作。分散于基层的众多会员把你推进主席团，是对你的信任与期待。新中国成立以来，全国广大文艺工作者在毛主席《在延安文艺座谈会上的讲话》精神的指导下，深入生活，勤奋创作，难以计数的作品堪比浩荡的长河大江。但需正视的是，时起时伏、若明若暗的文艺界"文人相轻"之风的确令人头痛。我和协会的法定代表人、秘书长提倡会员之间相敬如宾，博取他人之长，主席团成员要团结共事，各司其职，团结和引导我们的会员明了自己的责任担当，在火热的生活中收集丰富的生动的素材，进而创作出时代需要、百姓喜爱、历史认可的优秀作品。在这十年中，大连美术界成绩斐

1984年，被评为辽宁省劳动模范（右一）

1997年，与台湾著名画家刘国松在大连合影留念

1999年，大连举办建市百年庆典，与著名画家吴冠中在一起

2007年，在著名鉴赏家杨仁恺家中

2001年，和著名画家袁运生在大连

然，一批美术新锐脱颖而出，一大批优秀作品获得省级、国家级的大奖，可以说，这十年是大连美术界最好的时期之一。至今，回忆起来我仍觉得无愧与欣慰……

　　写到这里，必须回过头来说说那个给我带来快活与好运的小屋。

　　1976年，我和恋人张玉镯执手走进了婚姻的殿堂。添了一个，全家九口，两室的房子怎么能容得下啊。爸绞尽脑汁，没别的办法就打了三个吊铺，把我的三个弟弟全部"请上楼"。爸妈及我们七口均二十岁以上，"楼上"一片，"楼下"一层，生活极为不便。恰在这时，邻居、爸的好友"行好"借给我们一处不足十平方米的老式旧房，于是我和妻子就搬了过去。

　　小屋的条件差得不能再差了，实在艰难，没有煤气，没有暖气，只有一个小铁炉子连着仅容两人睡觉的小火炕。但我和妻子对这个地面活动空间不足七平方米的小屋却高兴得不得了，毕竟我们有了独立生活的自由空间，尽管是暂住，也是谢天谢地了。我们先粉刷小屋，接下来收拾卫生，几个弟弟妹妹都过来帮着忙活，再买回做饭的煤油炉子，为暖土炕和度过冬天，朋友帮忙买煤、挖黄泥、脱煤坯，还得备好柴火。我们没有烦恼，没有忧

十平方米的小屋中，妻子陪我探索艺术创作

愁，有的是忙忙碌碌，有滋有味，充满了慰藉与温暖。可能有人难以置信，正是这小小的空间成就了我，宣传画《迎春》《奔向2000年》和油画《居里夫人》等许多作品都诞生在这里。有时限于小屋的宽度，我只得在锅台上搭张木板进行创作，画一会儿还得拿回室内看效果，但真没觉得创作环境怎么艰难。两年过去了，《迎春》获了大奖之后，在这个小屋里我还陆续地接待并结识了一些来自全国各地的画家，造访者中不乏今天已在国内画坛有着相当成就的画家。也是在这个小屋里，我和妻子探讨创作的技巧与趋势，谈论眼下的规划与梦想。

不能落下在小屋里让我记忆一生的一个情节。那是在创作宣传画《探求》时，我把知识喻作深不可测的神秘海洋，认识它，发掘它，需要我们勇敢而持续的探索。草图中，一位轻盈的少女以半裸的姿态潜入海底，索取用书籍组合象征知识宝库的奇珍异

与妻子和儿子在家中

宝。但在创作时碰到了人体结构不好把握的难题。如何准确地表达？我思来想去毫无办法。

晚上，我躺在炕上翻来覆去，睡意全无，心里挺乱。妻子觉得怪怪的，就问我怎么啦。我半吞半吐的，她挺难受。她说，有什么解决不了的吗？就像我们住这么一个小屋，不也觉得其乐融融吗？听到这儿，我转过身来，把创作《探求》所遇到的苦恼道了出来。

良久，妻子肯定是经过好一阵子思考才毅然决定做出选择，她爽朗地说：那你就画我吧！

此语一出，激动的我立刻伸臂紧紧地搂住了妻子。玉镯比我小一岁，我们结婚几年，她仍是一副俊俏的模样，从个头、面容和形体线条综合品评，她都算得上靓女一个。现在有她如此支持，那真是太好啦。

第二天，正好赶上休息天，一番收拾之后，妻子便按我草图中要求的动作展示起来，我则快速地走笔，因为正值寒冷的冬天，小屋没暖气，妻子每做一次动作都要忍受寒冷的侵袭。

对于自己心爱的妻子，我懂得疼爱，于是，她每次做完动作我都急忙为她盖上被子。如此往复，效果不错，大功告成，妻子却被折腾得感冒了。真的，我俩击掌相庆，挺高兴的，而我的高兴中自然有着对妻子的感激之情。

小屋，给我带来喜悦、灵气和好运的小屋，你是我坚持探求艺术的地方，你是我走向全国的出发地，至今，你仍时常在我的梦里萦绕……

1999年，我应邀为人民美术出版社创作、出版的宣传画《中华人民共和国万岁》是我与自己钟爱近四十年的宣传画创作的最后道别。几乎人人皆知，随着现代科学技术日新月异的发展，电脑大普及，各种平面设计软件应运而生，很多形式的招贴画发展起来，以往那种宣传画的创作方式悄然隐退，也就自在情理之中了。

其实，我所创作的画种并不单一。如1972年我的油画《捕鲸》入选省美展，第二年又入选全国连环画、中国画展览，再于1975年改为水粉画由辽宁美术出版社出版，又如油画《金颜》于1994年入选全国第八届美展等，这些画作都是以宣传画的创作为主，同时兼顾其他画种创作的有力证明。

我所喜欢的彩墨画创作大约始于20世纪90年代的中后期，《秋色》《花仙子》《秋韵》《梦》《花季》等一批认真创作的彩墨画，均入选国家级美展。其中，《花季》入编多种画册，并入选第二届全国中国画展。任何画种的成功创作都需要具有一定的艺术驾驭能力，缺乏日积月累的学习、观察、借鉴、探索以及丰富生活的积累，就不会有娴熟的绘画技巧，想要创作出好作品只能是南柯一梦。

1992年，与著名国画家、中国美协原副主席刘文西（左一）在一起

事实上，我对人

体彩墨画的关注和学习，时间还早些。1986年，我调入市文联下属的大连书画院做专职画家。一次，在与画界的一位朋友接触中得知，他从北京的中央美术学院请来一位学生模特，可苦于找不到一个合适的地方进行临摹。其实找一个条件不错的画室并非难事，只是人多嘴杂，一旦泄露出去必将沸沸扬扬。其时，因历史原因而被封禁多年的人体绘画之门刚刚开启，但只有专业美术学院根据教学需要才可"放行"，一时半会儿还很难获得社会上的理解和认可。

我这个人有时胆大了些，觉得人体绘画绝不能同"不正派""不正经"画等号，人体绘画是艺术的一种，它是通过人体之美的描摹、塑造，让人们领略、欣赏、享受一种美的妙境，如此而已，能有什么问题呢？

机会难得，稍纵即逝，考虑到眼下的氛围，我俩一商量，觉得一是不能声张，二是在家里画比较稳妥。现在回想起来，还真是有点儿"小儿科"哩。

回家，我就把这事与妻子说了，她琢磨了一会儿，表示理解与支持。我们的房子是不久前市文化局特批的，两室共五十多平方米，于是我和妻子一通忙活，腾出了一间屋子做临时画室。之后，邀来几位朋友一起临摹，有意思的是，还宣布了几条必要的纪律。

那女模特的形体线条和气质都相当不错，我们几个就边欣赏边画，大有忘我的劲头。为了多画，每天我下厨准备午饭，妻子也特地从单位赶回来帮忙。如此，整整持续了一个月，我们几个都觉得获益匪浅。结束时我和几个朋友一商量，觉得三百元的费

和著名画家、中国美协主席刘大为合影留念

用少了点儿，似乎与人家的付出不成正比，准备再凑点儿，可那女生模特一笑，说就按我们之前的约定，三百可以了，这令我们几个不禁一阵感慨……

基础牢，根基深，画起来自然会得心应手。近三十年来，我神往于人体彩墨画的研究和创作，笔下那富有东方情调的斑斓色彩和迷离清雅的艺术图式，让我迷恋与心醉。

过往，无论是自豪、优秀的一面，还是落寞、欠缺的一面，都已成为过去时，该珍视的珍视，该记取的记取，这应当是正确人生的一种常态。流水有情，岁月如歌，而今，我即将跨入七旬的门槛，但我仍有一颗年轻的心，年轻的心不会衰老，因为它有瑰丽的梦想，梦想在，就有美的未来。

哦，云朵，美丽的云朵，我挚爱的云朵，或许是你承载着我执着的追求、真诚的坚守……

2008年，与著名油画家、中国
美协原副主席詹建俊在第七次全国
美代会合影留念

2008年，与著名油画家、中
国美协副主席罗中立在第七次全
国美代会合影留念

2008年，与著名国画家、中
国美协副主席王明明在第七次全
国美代会合影留念

2008年，与著名国画家杜滋
龄在第七次美代会合影留念

2008年，与著名版画家晁楣
在北京

2005年，在北京石虎工作室与
著名画家石虎合影留念

1991年，与著名国画家、浙江美院教授吴山明在一起

与著名油画家、辽宁省美协名誉主席宋惠民合影留念

与著名国画家、辽宁省美协主席宋雨桂合影留念

2004年，与著名油画家俞晓夫在大连

1984年，任第六届全国美展评委，与著名画家翁逸之（左一）、著名画家吴敏（右一）合影

1984年，与著名画家哈琼文在西安

1980年，与著名画家梁照堂（右一）、李醒韬（左一）在一起

1999年，与著名书法家刘炳森（右一）、中国画学会会长郭怡孮（右二）在大连

与著名油画家、中国美协秘书长徐里合影留念

与著名国画家、中国工笔画学会会长冯大中在一起

与著名画家石齐在一起

1998年，义卖绘画作品捐助灾区

1984年，以副团长身份代表大连青年文化艺术交流团访问日本

1997年，海峡两岸儿童美术比赛，赴台参加评选工作

参与接待英国友好城市市长代表团

慧眼识珠

晁德仁的宣传画创作犹如一股清风，扑面
而来，给人以温馨与启迪。它绝不生硬，
绝不虚张声势，绝不咄咄逼人，让人从内
心去体会，去思索，让人打心眼儿里感到
亲切、舒服和惊艳。作为一个当代中国艺
术家，他关注人本本身，发掘自身价值，
注重个人感受，回归自然个体，坚持以追
求内省平静的心态建设文化的意义与艺术
的理想。

百卉萌动　人间春满

　　当知识的地位得到人民群众普遍重视，广大群众迫切要求迅速掌握科学技术知识的时候，科学家和美术家使用、运用美术形式，生动形象地普及科学知识，受到了热烈的欢迎。首届全国科学美术作品展览的举办，是奉献给祖国和人民的一簇艳丽的科学知识之花。晁德仁的宣传画《迎春》，则集中反映了严冬刚过大地春回这一时代的变革，是科普美展上一件受到嘉奖的好作品。

　　这幅宣传画把我们带进了一个科学的天地。人们从背景上色彩迭变的光谱所象征的空间，看到了宏观宇宙繁星闪烁，从近景的原子核裂变反应，看到了微观世界异彩光辉，画作导引着人们去探索奥秘，那洁白似玉的南归雁，把科学的信息传遍人间，让人们随它翱翔，嫩柳一缕随风微拂大地，使一切振兴复苏，预示着科学技术正在酝酿着新的重大突破。那文静、端庄、自信、美丽的少女，宛如科学之神：她是现实的化身，正在与人们为科学研究喃喃切磋；她是理想的化身，那红橙黄绿青蓝紫的光带在面部交相辉映，使人们随之去憧憬未来；她又是智慧的化身，那闪耀的星团正是思想的火花，给人们以启发，那双妩媚而坚毅的眼睛似乎在对人们说，同志，科学技术现代化是实现四化的关键，请努力掌握现代科学技术知识，去努力奋斗吧！

这幅宣传画构思新颖，色彩瑰丽，具有比较强烈的感染力。作者作为一位青年画家，能够达到这样高的艺术水平，是难能可贵的。

（《人民日报》1980年2月11日）

《迎春》是经得起时间检验的好作品

○ 吴长江

　　晁德仁先生的《迎春》创作于1979年，应该是中国改革开放之初创作的作品。这幅作品为什么今天看仍然感到有一股朝气？我觉得他在这里展示了中国在迈向改革开放所开启的春天的脚步。正是在这样的一个进程中，我们欣喜地看到了那位年轻女性充满希望的迷人眼睛，还有她一只手托起的那个具有象征意义的原子符号。

　　我们亲身经历了这三十年的发展，我们看到了中国经济、文化等方面的飞跃发展，也目睹了我们今天的综合国力在国际上得以大幅提升。

　　今天，在纪念毛主席《在延安文艺座谈会上的讲话》发表七十周年之际，国家文化部在中国美术馆举办的大型展览中，我再次看到《迎春》，感到非常亲切。现在看这幅作品，它的立意和画面的构成，以及色彩的运用，仍称得上是让人感动的优秀作品。所以我在此对晁德仁老师、大连美协的老主席再次表示由衷的敬意。

在这三十年中，经常有一些大型的尤其是纪念新中国成立六十周年、纪念建党九十周年等美展，而我们每次看到《迎春》都感慨于改革开放三十年来的时代变迁和巨大变化，同时也不由得赞赏《迎春》这幅作品所展示的意义及新鲜感。所以，我认为这是一件经历了几十年时间检验的好作品。

在1979年改革开放之初，我还在中央美术学院就读，当时很难看到国外的作品原作，大家看到的资料基本上都是个人携带来的画册、图片，我们的美术家创作的宣传画更多的是突出主体人物后创作的场景。但晁老师这幅作品，在艺术形式上比较概括，比较洗练，很不容易。他用不同的色阶的变换，把很多个空间融入画面里，也包括一个充满朝气的女青年手里托着象征科技发展的标志性的东西，这就鲜明而形象地表达了我们的渴望、向往和一个时代的精神。

三十年后的今天再次欣赏《迎春》，我觉得它依然光彩夺目，依旧有着不息的生命力……

（作者系著名画家，中国美术家协会党组书记、常务副主席，此文据录音整理，未经本人审阅，标题为后加）

春的使者，春的讯息
——读画家晁德仁的宣传画艺术

○ 诸葛尔

　　在通常的概念中，宣传画艺术是以宣传为主的一种艺术形式。宣传画通常以宣传某种内容而存在，而艺术个性和美学特质往往被放到了次要地位，甚至被扭曲或被忽视。但是在画家晁德仁的笔下，宣传画的概念和样式被拓展了，被变化了。晁德仁的宣传画艺术不仅注重宣传和传达思想，而且还确立着新时代的美感、传递着新时代的信息，让人如沐春风，如浴春雨，心中有春意荡漾之感。这里有一种难得的浪漫和抒情，更有一种浓浓的诗意。

　　晁德仁宣传画的代表作很多，比如说《迎春》《欢庆》《腾飞吧！中华》《中华人民共和国万岁》《制止空气污染》等。这些作品大多都产生于改革开放初期的20世纪70年代末至80年代初，这个时期正是中国社会经济、文化艺术的转型时期。社会的意识形态发生了重大的变化，随之而来的是艺术的表达内容、表达形式和审美观念的相应变化。无论何种艺术、何种艺术形式都在随着社会变化而变化，油画版画不例外，宣传画更是不例外。从晁德仁的宣传画艺术创作中，我们能很好地体味这种变化和认证这种变化。我愿意把它比喻作时代的朝霞和晨钟，因为它有着重要的预见性和启示性。

在笔者的印象中，宣传画的政治色彩是很强烈的。特别是"文革"期间的宣传画，主体人物多为伟大领袖，还有工人、农民、解放军战士以及先锋模范等，多采用"高大全、红光亮"的表现方法，领袖形象多为先知先觉的巨人，工农兵形象也多为横眉冷对、义愤填膺的战斗状，颜色多以红色和草绿色为主，充满毫不妥协的"战斗激情"和压倒一切的"英雄气概"，着实缺少了些温馨、亲和和诗性的美感。

相比之下，晁德仁的宣传画创作则与这样的政治美学和形式美学相左，犹如一股清风，扑面而来，给人以温馨与启迪。它绝不生硬，绝不虚张声势，绝不咄咄逼人，让人从内心去体会，去思索，让人打心眼儿里感到亲切、舒服和惊艳。

应该说，亲切、温馨和清纯之美，正是画家晁德仁宣传画艺术的新意所在。最典型的例子莫过于他的代表作《迎春》了。这件作品的画面主体是一个美丽的少女头像，这位长发飘飘的少女风华正茂，格外的鲜亮和美丽，有一股蓬勃的朝气和妩媚。明亮的双眸闪烁着青春的光芒，内心积蓄着对未来的渴望。艳若桃花的红唇在微微地抖动，仿佛在颂咏这春的来临，更像是早晨八九点钟的太阳，霞光四射，无法阻挡。她用一颗真挚的心和富有深情的手，为我们托出象征科学与探索的原子星光，并熠熠闪烁在画面之中，让人顿生无限遐想。画面下方一群列队飞翔的白色大雁和画面的彩虹色渐变，更增添了艺术主题的浪漫性和抒情的意境。这是一幅集向上思想、美丽抒情为一体的上佳作品。这样的作品产生于"文革"刚刚结束、新时期的艺术变革刚刚开始的转折时刻，其创新意义实在是不可低估的。

其实，抒情、浪漫、诗性的宣传画曾经有过不少，如哈琼文在20世纪50年代的一些宣传画是个很好的例子，还有那幅《我们热爱和平》中的和平鸽以及那两个天真可爱的孩子。不过这样的作品后来就很少见了，因此说，晁德仁的《迎春》是有其历史根脉和时代创新特征的。

宣传画《迎春》是科普美术展的金奖作品，在美术圈内外产生重大影响。最近在中国美术馆的一个回顾性大展上，有幸又一次见到这幅作品，虽然创作时间已经过去三十多年，但是它依然是光彩夺目，依然是魅力无穷，特别是把它放在当代美术史的历史线索中去反观这件作品，更显示出它的重要价值和重要意义。它不仅迎来了科学的春天，还迎来了艺术的春天、美学的春天。因此我们是会时常记起这幅具有时代感和美学启示性的艺术佳作的，我们也会十分敬重该艺术家在新时期宣传画艺术创作方面所做出的杰出贡献。

（作者系著名美术评论家）

晁德仁和他的《迎春》

○ 杨悦浦

　　再次见到《迎春》这幅画，和读了诸葛尔先生的评论，我有诸多感慨。

　　宣传画《迎春》出现在1979年12月20日至1980年2月20日的全国科普美展上，首次和公众见面，反响强烈，备受欢迎。这个展览原计划展出一个月，由于受到观众的欢迎，又延长展出一个月。

　　《迎春》的创作者——青年画家晁德仁遂名响画坛。

《迎春》的创作契机

　　这幅作品是专为全国科普美展创作的。

　　1978年5月23日至6月5日，我出席了中国科协在上海浦江饭店召开的"全国科普创作座谈会"。出席大会的有三百人。会议中有十四位代表是美术家，他们是王亦秋、王春禄、乔玲、刘仁杰、任达信、吴文渊、沈云瑞、张励行、陈梦蟠、姜振民、楼青蓝、赵野木、杨悦浦、魏忠善。另外还有特邀到会的科普美术家胡永光、丁榕、林禽、毛用坤、杜建国等。作为科普美术方面的代表，我做大会发言，发言稿被收进当年出版的《科学的春天》一书中。美术家代表们曾单独开会讨论日后科普美术发展问题，是我首先动议举办一次全国科普美术方面的展览，以推动科普美术创作，并扩大社会影响。此动议得到大家的同意，当时责成在科技展览馆工作的山东代表姜振民、大连代表刘仁杰负责起草倡议书。

会后，这个倡议书立即得到了中国科协领导的重视，责成普及部以中国科普创作协会筹委会负责主办，于是全国科普美展的筹备工作开始了。在中国科普作协的领导下，成立了展览领导小组，1979年春夏举办了两次草图观摩会，秋季作品征集到了北京，组织了全国科普美展评选会议，12月20日开幕。1980年1月14日至19日评奖，参加评奖的人都是科技界和美术界的重量级人物。美术家有蔡若虹、华君武、邵宇、张仃、刘迅、张安治、吴作人、周令钊、郁风、李桦、古元、王琦、彦涵、丁聪、张谔、王朝闻、刘开渠、张松鹤、吴劳、荒烟、马克、许幸之、阿老、黎冰鸿；科学家有鲁星、施镭、杨永生、谢础、王树信、张金哲、李元等二十位。加上这次展览创作的画家，据当时各省市科协普及部门的统计有8592人，送到北京参选的作品3828件，入选596件，获奖作品140余件。

晁德仁的《迎春》被评为一等奖。

《迎春》创作的大背景

这幅画的创作有着很重要的历史背景，或者说晁德仁的创作是历史使然。《迎春》即使不是在科普美展中出现，也必定会在其他重要的展览中出现。

当时整个中国刚刚被改革开放的热潮所鼓舞，邓小平理论为社会所认同，思想意识界开展的"实践是检验真理的唯一标准"大讨论，已经把大家思想打开了，在美术界掀起了轰轰烈烈的创作热潮。很多画家在为几个全国性的展览创作，其中有第五届全国美展和全国科普美展。美术界也同时展开如"伤痕美术""形式美""创新"等创作思想及各种学术性问题的大讨论，这些讨论都表现在当时一批富有代表性的作品中。可以说，《迎春》应运而生。

此外就是整个社会为实现四个现代化所鼓舞，其中最有社会影响力和号召力的是"科学技术现代化"。1978年春天中央举行了全国科学大会，邓小平在会上做了很重要的带有方向性的讲话，科学技术界一片欢呼，"科学的春天到了！"在这种群情激奋的时代，社会需要一种艺术形式来表达这种大众感情，在所有表现科学的春天的作品中，《迎春》准确地表达出当时社会那种积极向上的激情。《迎春》表现了那个激情燃烧的时代，作者也为张扬那个激情年代做出了贡献。

《迎春》的艺术力量

首先是形式之美。

当时美术家兴起了形式美的大讨论，这个讨论唤起艺术家们对形式的重视，因此在那一时期的创作中对内容与形式的结合方面都有了全新的认知。当然多数作品没有突破内容的束缚，但也出现了许多以新形式观创作的好作品，《迎春》便是其中的佼佼者。

形象力量。作为主题性的绘画，要通达观赏者，形象是最重要的艺术因素，《迎春》以一个几乎占满画面的少女的头像作为渲染主题的标志，她的容貌、表情、神态、气质是至关重要的。晃德仁在形象塑造上的创作可以说是他创造性最好的体现，以形象的青春朝气、端庄优美、富有理想的表现力打动了人们。

宣传画的历史作用。当时，正值改革开放初始阶段，国家在大张旗鼓地宣传四个现代化，宣传画起到了重要的作用。当时也创作了很多这种内容的作品，但都不及《迎春》的影响重大。这幅宣传画成为记载那段历史的经典之作。

《迎春》的创作化解了一场内部危机

全国科学大会之后中国科协开始恢复工作，当时主要是举办一些会议和适当的社会活动。1978年下半年，中国科协开始筹办两个展览，一个是全国青少年科技展览，一个是全国科普美展。
进行到1979年年初的时候，由于科协领导对美术作品展览究竟能
办成个什么样子没有把握，职能部门未能提供足够的信息，因此
对举办科普美展自然难下决心。这本来是很正常的事情，但当时
就有人鼓动科普美展下马，说"晚下马不如早下马"。这时候科
普美展各项工作已经开展起来，停下来已经不可能，展览主持人
王麦林问我有什么办法。我认为，我们不如学习中国美协经常举
办"草图观摩会"的方法，等我们在见到了作品的草图之后，就
会心中有数了。于是于1979年3月20日至24日在上海闵行召开了
全国科普美展部分省市草图观摩交流会。二十个省市科协普及部
的人和一些画家参加，带来草图574件1912幅，其中就有辽宁省
科协普及部送展的晁德仁创作的《迎春》。我看到这件作品后，
心中的担忧立即消失殆尽。我对王麦林说，有这幅画我们就可以
向上面交差了。我还建议她，把这件作品和再挑选的一些作品带
回北京，让科协领导看看。她立即决定把比较好的一部分作品带
回北京。4月6日至7日，科普美展办公室在友谊宾馆举办了科普
美展作品进京草图观摩会，请科协的全部领导前来考察，并组织
了科技界的一些科学家及其他方面人士五百人前来观摩。当他们
看到以《迎春》为代表的作品之后，一片称赞声。在这种情况
下，得到了当时科协主持工作的裴丽生、刘述周、王顺桐、王文
达，以及普及部黄汉炎等人的支持，把那些想让科普美展下马的
声音压了下去。

可以说《迎春》在出现困难的情况下帮助了全国科普美展。
我作为当时领导小组专业方面负责人，直到现在都很感谢晁德仁

和他的艺术创造成果。

由于这件作品的成功和影响力，科协领导要求进一步扩大成果。为了落实这个要求和进一步发动各地科协的组织工作，我们又再次召开草图观摩会，特地选择了晁德仁的老家大连，在棒棰岛宾馆召开了这次会议。那次我有幸见到了这位开始名噪画坛的青年画家晁德仁。

这件作品的获奖，也使辽宁省科协获得组织工作一等奖。辽宁科协普及部和鲁迅美术学院的李洪宾为这次美展做出了特殊的贡献。

科普美展是否昙花一现？

科普美展初始筹备期间并不为人们看好。

全国科普美展虽然得到中国科协的重视，但如何办这样一个展览谁心中都没有数。1978年8月，普及部责成工作人员撰写了一份举办方案，就是因为心中没底，方案不够完善，没有得到批准。于是王麦林派人找我，让我重新撰写了方案和向科协书记处的正式报告，因为没有方案和报告就不能批准经费，再说什么都没有意义。我根据自己多年从事科普创作的经验和参加了几次美术作品展览的经历，做了些相应的调查，写出了一个可行性方案和报告，上报后获得批准。9月我就从中国科技情报研究所被借调到中国科协参与筹备此展，10月我被任命为这个展览的领导小组成员，组长是科协书记处书记王文达，副组长是普及部负责人王麦林，成员有画家张仃、邵宇和科普作家协会方面的人。这个小组主要是决策该展的大事，具体的筹备业务工作就落到了我身上。

这里还有个插曲。1979年10月，我和科普美展办公室的同事拜会中国美协筹备组组长蔡若虹，转达中国科协请他担任全国科普美展领导小组副组长和邀请中国美协挂名共同主办的事情。他对这个展览不够理解，任我怎么说都不同意，说：你们搞什么科普美术，听起来不伦不类的！你们是不是还要搞科普音乐？科普戏剧？再说，我们是中国美协筹备组，你们是中国科普创作协会筹委会，筹备来筹备去，能搞成个什么东西？

蔡若虹的疑惑和科协出现的下马言论，都是出于对"科普美术"的概念的不理解。当草图观摩之后，《迎春》的出现，我们才在这方面能够提供一些依据了。

1979年中国美协正式恢复工作，我又拿着中国科协的指令找到中国美协，在华君武和阚凤岗同志的支持下，中国美协同意与中国科普作家协会共同主办这个展览。

有趣的是，展览开幕后，蔡若虹居然三次去看这个展览，而且还对很多画家说最近有个很好的展览，希望大家都去看。

蔡若虹的那席话，曾让我思考了很久。蔡若虹是一个心地坦荡的老同志，实际上他说的不是没有道理。当时这一席话的直接结果，是促使我下决心要把这个展览搞成、搞好，我们做到了。此外，此后的发展过程陆续应验了他的怀疑，从那次展览之后，也举办了几次规模不同的展览，但日渐衰微，完全不能与当年的展览同日而语，到近年来我已完全不知其讯息了。当年我一再挺着腰杆高喊"科普美术是很有生命力的"，看来只是一种理想，从这三十多年来的发展轨迹看，或许科普美术的兴盛尚需等待。

从本质上说，科普总是有一定的厚度的，百姓对科学技术知识的需求也是有限的，深奥的科学研究不需要科普，只需要尖端人才。高深的科学思维理念与表现现实的视觉造型艺术之间，绝不会轻易地"混搭"。当下社会上流行的艺术之间的混搭现象，如果蔡若虹老先生还健在，一定也会像当年指责我们一样：不伦不类。难怪不少人对混搭看不上眼。所以说，比较起来，蔡若虹的怀疑比我的豪言壮语更值得思考。世上的事物有各自的发展规律，科普美术能否长久存在，仍需假以时日吧。

可喜的是《迎春》确立了它应有的历史地位。

科普美展近六百件作品，大都走出了人们的记忆，唯独这件作品被人们所熟记。一幅画的诞生或许有偶然性，但一幅作品在社会上被认同却有其必然性。

晁德仁的艺术创造理应受到社会的尊敬。

（作者系著名美术史论家、评论家、画家，《美术家通讯》原主编）

妙境斑斓

○ 白野夫

在当今的中国人体绘画领域中，能够个性突显、风格独立却又不失典雅与东方情调的作品并不多见。晁德仁的人体绘画作品，不仅是简单地描绘人体，而是从他个人的角度、从他个性的体验出发，以当下的视角选取与感悟。当我们面对他的作品时，那种既朦胧清雅，又情愫绵绵，似雾里看花，又如水中望月般酥醉入心的感觉跃然纸上。这其中体现出晁德仁精妙的洞察力以及极强的艺术语言掌控能力。同时，也体现出晁德仁作为一个21世纪初当代中国艺术家所必备的独特立场和特征：他关注人本本身，发掘自身价值，注重个人感受，回归自然个体，坚持以追求内省平静的心态建设文化的意义与艺术的理想。他是新典雅唯美主义的代表，是东方情调下的绚烂与迷离。虽然他所画的是女性人体，但在他的作品中找不到半点儿龌龊与肮脏，所能读到的更像是一曲人体与自然美的颂歌。

以晁德仁为代表的中国新典雅唯美主义，既不像西方古典主义那样写实，也不像中国传统工笔绘画那样注重和强调细节与技术上的描摹，他是把更大的和更多的兴趣放在了将个性化的绘画语言描述赋予境界和情调的倾诉之中。这不但是他对个人精神状态的记录，也是他赋予作品的寄托与追求。以象征与理想化的色彩并结合西方抽象主义绘画元素，虚化轮廓与结构，借助中国虚实相生的传统哲学理念，豁然营造出色彩斑斓、摄人心魄的个人艺术图式。故此，在晁德仁的作品中，我们所面对的是既熟悉又陌生的唯美视觉空间。从中足以看出，这些情境与形象是经过晁氏精心过滤并加以整合与经营的个人幻象与综合的视觉文本。每当我们面对它们时，总有一种东方式的面壁冥想与"神往"环绕荡漾于心。于此，它所昭示出的象征意味与文化理想使人惬意与默然。

（作者系著名美术评论家）

科学与艺术是一个硬币的两面
——记辽宁省大连市美协主席晁德仁

○ 天　天

认识晁德仁，是在北京音乐厅休息室，一杯咖啡未喝完，他就扯着行李匆匆往首都机场赶。去年12月初，他又来到北京。利用双休日，我钻进劲松宾馆他的住处，"跟踪"这位神出鬼没的祖籍河南青丰晁盖后代的大画家。

"跟踪"他的兴趣是，他的有些美术作品与科技有关。

当时，在全国强手如林的宣传画创作中，他创作的宣传画《迎春》在国内产生重大影响，并荣获全国科普美术作品展览一等奖。这是他的成功之作，更是他的成名之作。《人民日报》《光明日报》等曾撰文评论他的作品。

去采访他时我才了解到，《迎春》的作品虽然离现在有十多年时间了，而当时的创作灵感，来自1978年全国科学大会期间郭沫若在《科学的春天》一文中所讲的一句话："让我们张开双臂，热烈地拥抱这个春天吧！"党的十一届三中全会的春风吹遍祖国大地，重视教育、重视科学使中国广大知识分子焕发出从未有过的青春活力和激情，一个科学的春天终于来到了，晁德仁与当时全国所有的知识分子一样，熏陶着他的，感染着他的，激动着他的是那春天的气息。他情不自禁地拿起画笔创作出这幅作品，以艺术的形式表现科学春天的到来。

使笔者感兴趣的还有他创作的许多油画、国画、水粉画作品，其中有一幅《制止空气污染》，是用黑灰色做基调，耸立的黑烟囱，低沉的黑云，只剩下一小块儿蓝蓝的天，洁白的花枝下面的那只手仿佛是在呐喊……这幅作品与《迎春》的创作风格截然不同，它是表现空气污染的危害，从而警告人类：空气正污染着我们共同的家园！

从晁德仁的作品中，你自然而然地会体察到人与社会、人与自然、人与人的终极关注。文化部、中国美协、中国科普作协及辽宁省科委等颁发给他的一大堆荣誉证书、聘书，如同他在艺术上追求的一级级台阶。无论是《迎春》中那妩媚而坚毅的双眼前，还是画家戴着的那副闪亮的眼镜背后，一切都在预示着：科教兴国，是二十年前科学的春天，它把人们带向面向21世纪的中国的科学深秋。

（作者系《跨世纪人才》编辑）

春华秋实

在半个世纪里我的美术创作生涯中既有彷徨与艰辛，又有成功与快乐。我钟情于美术创作事业，我肯于以理性的思考和饱满的热情让心血与汗水在咫尺画幅中自然地流淌。艺海无涯，天高路远。我愿在美术创作道路上继续追求，与美相拥一生。

新颖·意境·魅力

——我的美术创作面面观

○ 晁德仁

岁月悠悠，回眸思索，感慨良多。

始自20世纪60年代末，在半个世纪里我的美术创作生涯中既有彷徨与艰辛，又有成功与快乐。国内一些美术家和著名美术评论家称赞我的作品有着"既熟悉又陌生的唯美视觉空间"，誉我为"全国宣传画的领军人物"，这让我慌慌又惶惶。不过，事实是：我钟情于美术创作事业，我肯于以理性的思考和饱满的热情让心血与汗水在咫尺画幅中自然地流淌。

宣传画是我美术创作中最重要的一部分，当然这与历史的原因、客观的因素有关。

每个画种都有它独特的表现形式和艺术语言。宣传画区别于其他画种的主要特征，就在于它的及时、洗练和明快，它不需要依赖过多的情节和细节，而需要的是以快捷、单纯和明快凸显它的艺术内涵，以一当十，而绝不是简单化。从这个意义上理解，宣传画的生命便在于它的时效性、宣传性、鼓动性、艺术性。

在过往的宣传画中，多有概念化、公式化和图解式的作品，这些作品又多因生命的短暂被岁月所淹没。不过，也需细分，不能一概而论。譬如，在延安时期，在抗日战争、解放战争等时期，曾涌现出一大批宣传画，其中不乏以简单、明了而又富有鼓舞性、战斗性的艺术语言，给人民以鼓舞和力量的优秀之作，直到今天，我们都不能不把这样的优秀作品视为我国美术创作中的宝贵财富。社会在发展，人类在进步，人们的审美水平在提高。当今，在变革前进的新时代，人们更看重的是宣传画的艺术感染力，这就需要画家们以独特的眼光、敏锐的思维将抽象的内容化为可视、含蓄而又生动的艺术形象，或给人启迪，或留下余音，甚至成为历史的记忆。

经典的宣传画之所以令人过目不忘、耐人揣摩，纵然历经漫长岁月，仍如一股清风扑面而来，就在于它从纷繁的生活中选取了具有典型意义的瞬间细节，寻到了表现主题的最佳突破点。如20世纪50年代著名画家哈琼文先生的宣传画《毛主席万岁》，我们一眼就可认定这是一个极为宽泛、抽象的主题。面对表现这一主题的浩如烟海般的素材，画家从中选取的是游行队伍中一位母亲举起女儿欢呼的瞬间，亲切而热烈地表达出全国各族人民对共和国缔造者的敬仰之情。强烈的视觉冲击所带来的心灵震撼，使这幅成功画作在中国宣传画的历史上理所应当地具有里程碑的意义。

无需避讳，我的宣传画创作起步于工农兵"拿起笔作刀枪"的"文革"时期。不过，在一阵"热闹"之后，对我这个年轻的美术爱好者而言，接下来的便是一段较长时间的总结、学习和思考。其实，我的理解并不玄妙，我认为，总结是提高的基础，学习是进步的基础，思考是成熟的基础，我在这三个基础中寻寻觅觅，以求创作上的突破与升华。有一个历史久远的故事深深地吸引了我：北宋年间，有一次朝廷考试，考题是以诗歌《瑞鹧鸪》中的一句"踏花归去马蹄香"作画。来京应试的各路好手一时懵然，画笔难下，颇费脑汁。考试是有时间限制的，容不得分分秒秒一再流失，于是，八仙过海，各显其能，有的把画眼放在"踏花"上，有的在"马"或"踏"上下功夫。然而，有一位画家的画作却独具匠心：在暖暖的夕阳中，似归故里的官人骑马飞奔，几只彩蝶追逐着马蹄蹁跹起舞。这幅作品，虽舍弃了"踏花"，却选用了彩蝶追逐马蹄这一耐人寻味的细节，使得"花香"的意蕴一泻无边。其构思之巧妙，意境之深邃，使得这幅佳作直到今天仍被美术工作者津津乐道。由此可见，美术创作唯别具一格才有意境，唯意境深邃才有艺术魅力。

古今中外绘画史上，类似这样的成功范例可谓灿若繁星，但从小到大，从学生时代到走向艺术道路，我的脑海中牢牢地记住了这一个，既然受此启迪，我就当须努力。

我的宣传画《迎春》创作于1978年乍暖尚寒的季节，系"应试"之作，全国性征稿，题材为科学现代化。此时，一个变革的伟大时代已经开启，大自然的春天来了，科学的春天来了，祖国的春天来了，而迎接这样的春天，绘画作品应当用什么样的素材、姿态与色彩？围绕这一抽象的题材，我首先认定的是一定要打破以往惯用的创作上的老套路，力求在立意和表现形式上能有一个大胆的突破和创新。否则，我的"应试"只能是一次毫无意义的"旅行"，而且，照此下去，必将与成功永远无缘。

不落俗套的构思是一个艰辛的过程，经过几天的反复比较和探索，终于张开了高飞的翅膀，我采用了拟人的浪漫抒情手法，试唱一首青春之歌。

告别冬天，万物复苏，雨过天晴，柳丝轻拂，赤橙黄绿青蓝紫浸润着宇宙、大地和海洋。在这曼妙的充满青春气息的季节里，一个端庄、秀美的少女手托象征科学、闪烁着光芒的原子符号，引导着人们去探索；她那迷人的眼睛似乎在诉说着春天的美好和我们的科学技术正酝酿着新的重大突破；而一排展翅远飞的大雁，既在传递着春天到来的喜讯，又寄托着人们追寻理想的奋斗精神。至此，朋友，你不感到这个秀美的少女就是现实的化身、智慧的化身、理想的化身吗？应当是，她是一位美丽的科学之神！

《迎春》色彩斑斓中，具神秘感，少女的激情与理想在诗意中缓缓流淌。作品虚实相生，动静结合，明暗相间，布局新鲜，切中题意，终以思想性与艺术性较为完美的融合从全国"应试"之作中脱颖而出，于1980年获得全国科普美术作品一等奖。

随之好评如潮。《人民日报》、《光明日报》、《中国美术家》、《解放军画报》、《中国青年》、《江苏画报》、《广东画报》和江苏人民出版社等各大报纸、杂志、出版社，或刊文评价或配诗发表或选作封面或大张出版，北京、上海、南京、西藏等地许多城市还把这幅作品临摹出来，在大路旁或中心广场的广告牌上做醒目宣传。这些来得挺急，让我应接不暇。《人民日报》刊文《百卉萌动 人间春满》，盛赞《迎春》"构思新颖、色彩瑰丽，具有较强烈的感染力。作者作为一位青年画家，能够达到这样高的艺术水平，是难能可贵的"。著名画家梁照堂先生在《说教式少点，感染力多些》一文中写道："多年来我们的宣传画更多像做报告，今后的宣传画应注意寓教于乐，寓革命激情于抒情。例如晁德仁的《迎春》，就是通过美丽的科学女神和柳枝、雁飞等形象，从抒情中去表现科学这理想的'形象'的一个佳例。"著名美术评论家杨悦浦先生在《晁德仁和他的〈迎春〉》中写道："晁德仁在形象塑造上的创作可以说是他创造性最好的体现，以形象的青春朝气、端庄优美、富有理想的表现力打动了人们。"著名画家诸葛尔先生在2012年中国美术馆的美术回顾大展之后撰文《春的使者，春的讯息——读画家晁德仁的宣传画艺术》，高度评价《迎春》是富"时代特征的"，他说："宣传画《迎春》是科普美术展的金奖作品，在美术圈内外产生重大影响。……虽然创作时间已经过去三十多年，但是它依然是光彩夺目，依然是魅力无穷，特别是把它放在当代美术史的历史线索中去反观这件作品，更显示出它的重要价值和重要意义。它不仅迎来了科学的春天，还迎来了艺术的春天、美学的春天。因此，我们是会时常记起这幅具有时代感和美学启示性的艺术佳作。"也是在这次回顾性大展上，著名画家、中国美术家协会党组书记、常务副主席吴长江先生感慨道："三十年后的今天再次欣赏，我觉得它依然光彩夺目，依旧有着不息的生命力……"

荣誉、美誉及《迎春》后被中国美术馆收藏，且相继成为各级美术教材的范画，真的让我始料不及。高兴是自然的，但对诸多溢美之词，我却不敢受用。《迎春》是我宣传画创作成功的第一步，前辈的鼓励、社会的认可，使我不敢懈怠，唯继续前行探索才是我最好的报答。

文学、戏剧、美术、摄影、音乐、舞蹈、电影、曲艺等门类的文艺创作，需要创造精神、创新精神，需要在生活中不断地提升自己的观察力、洞察力，在实践中勇于探索新的表现构架和新的文艺形象，力求使作品达到内容与形式的完美统一。母亲及母爱是古今中外文艺作品的一个永恒主题，也是我较长时间里相当关注的一个主题。1988年，在我创作的宣传画《母亲》中，画笔舍弃了母亲的面部和下肢，大胆地突出了母亲宽厚的胸部、丰美的乳房和正哺的婴儿，还有母亲托着婴儿的透出厚爱的大手。在创作手法上，我吸收了油画的细腻逼真，同时引用了高尔基的一段名言作为题注："她的爱无边无际，她用胸脯抚育着全人类！人身上最好的使我们热爱生活的东西都是从太阳的光线，从母亲的乳汁中得来的！"暖暖的基调，惹人眼球的乳房特写，以及所表现出的深沉的主题，我希望它是一件好作品。然而，有朋友却觉得在当时——20世纪80年代末期，这样的创作似乎有些"超前"，而且对于在艺术作品中表现女人的乳房是否突破创作上的"禁区"，也有些吃不准和担心。但我却不以为然，我的想法挺简单，古往今来，无论域内域外，无论哪个地区哪个民族，爱，是天下母亲的本性，母亲那博大的胸怀，母亲那款款的深情，母亲那无边的温暖，母亲那至真的温柔，是每个人永远挥之不去的美好。至于在一幅宣传画中突出了母亲的乳房，这没有什么过错，也不该有什么质疑，试问，哪位没见过母亲的乳房？哪个不是靠母亲哺育长大？我说：母亲的乳房是母爱的一部分，准确地说，母亲的乳房是母爱中最为动听的一个音符！当然，你还可以延展，联想祖国的抚育与我们成长之间的关系……

次年，这幅作品参加了第七届全国美展，并获得了较为强烈的反响——驻足，指点，兴奋地议论，归在一起，多是赞赏我在艺术创作上的大胆张扬，尤其那年月毕竟是改革开放的早春。

根据文化部和中国美术家协会的规定，凡是评委的作品不能参加全国大展的评审、获奖，因为我是此届大展的评委，而且在第六届全国大展时我已经坐上了评委的位置，所以《母亲》自然与奖次无缘。其实，这个阶段的我已完全不在乎什么奖不奖的了，我在乎的是创作上的"敢吃螃蟹"，和作品所展示的真情，以及它的艺术魅力。

宣传画的创作在注意时效性、简洁性的同时，更需注意色彩的布局与对比，色彩也是一种语言。随着经济的快速发展，环境污染越来越成为一个亟待解决的问题，不仅中国如此，世界上各个国家也是如此。以往的青山、绿水、蓝天，现状是让人忧心忡忡的，有些则让人痛心。因此，当今的我们必须明了发展经济与保护环境之间的正确关系，切实提高环境保护的意识与担当。宣传画《制止空气污染》采用写实并略有夸张的手法，选择简单却别致的色彩语言直奔主题，司空见惯的大烟囱几乎占据了整个画面，它像猛兽般吐出浓浓的黑烟，似乎要扼杀这个世界，洁白可爱的花朵也不能幸免，枯萎凋零，天空仅剩一小块的瓦蓝尚顽强地保持着清爽、怡人的姿态。一方汹涌，一方软弱，如此下去，那片瓦蓝的消失还会远吗？

一暗一明，一黑一白，强烈的色彩对比所产生的视觉冲击效果自然不言而喻。而今，面对如此的生存环境，一切有良知的人们难道不应发出"还我青山，还我绿水，还我蓝天"的呐喊吗？

宣传画的创作并不排斥其他画种的特点，恰恰相反，若能吸收得当，巧妙糅合，往往事半功倍，会取得意想不到的效果。在这方面，宣传画《腾飞吧！中华》便是我吸收装饰画的特点，采用夸张手法而做的一次较为成功的尝试。

长城是灿烂的中国五千年历史文化的代表，龙是不息的中华民族精神的象征。《腾飞吧！中华》在吉祥的黄色基调中，飞腾的巨龙与绵延的长城融为一体，以其气势昂扬的意境鼓舞中华儿女为实现伟大民族复兴而努力拼搏。我们由衷地深深祝福，我们的祖国日益繁荣昌盛！

随着岁月的车轮日夜转动，以往宣传画的创作方式已悄然隐退，随之而来的是采用电脑平面设计的更多形式的招贴画。或许，这也是科学技术的迅猛发展和历史发展阶段的必然。为纪念祖国诞辰五十周年，我应邀为人民美术出版社创作的《中华人民共和国万岁》，很有可能是我最后一幅宣传画。对于这幅在全国城乡及港澳地区广为张贴的宣传画，有新闻媒体这样评价：以红颜色为主调的整个画面，大气、祥和、亮丽与辉煌，突出的主题、巧妙的布局、细腻的线条，显示了美术家的匠心与才华。

几十年来，我在创作宣传画的同时，一直致力于新典雅唯美主义彩墨人体画的创作和研究。我们的人体绘画，既不是西方古典主义那般注重写实，也不是我国传统工笔绘画那样强调细节描摹，而是以象征与理想化的色彩语言，结合抽象主义的绘画元素，并糅进自己的审美意趣与感悟，营造出既色彩斑斓又朦胧清雅的艺术图式。富有东方情调的彩墨人体画不仅让我痴迷，笔耕不辍，同时也得到了圈内朋友和美术评论家的关注……

艺海无涯，天高路远。我愿在美术创作道路上继续追求，与美相拥一生。

作品展示

迎春（宣传画）

入选1979年全国科普美展，获一等奖

制止空气污染（宣传画）

入选1983年全国宣传画美展，获二等奖

伟大的社会主义祖国欣欣向荣（宣传画）
入选1984年第六届全国美术作品展览，获优秀奖
人民美术出版社出版

腾飞吧！中华（宣传画）

入选1991年全国宣传画美展，获三等奖

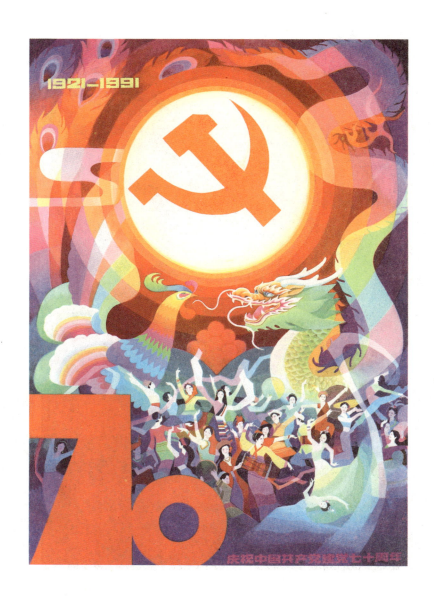

欢庆（宣传画）

入选1991年全国宣传画美展，获三等奖

中华人民共和国万岁（宣传画）

入选1999年第九届全国美术作品展览，获优秀奖

人民美术出版社出版

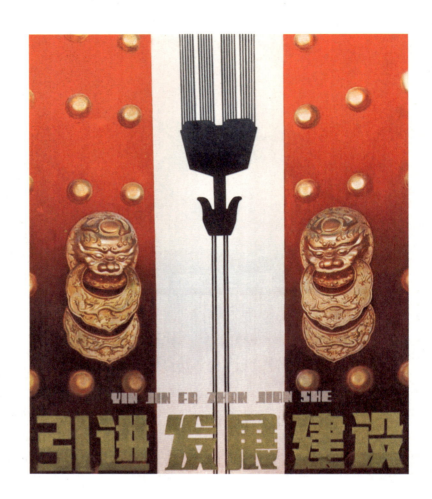

引进　发展　建设（宣传画）

入选1989年第七届全国美术作品展览

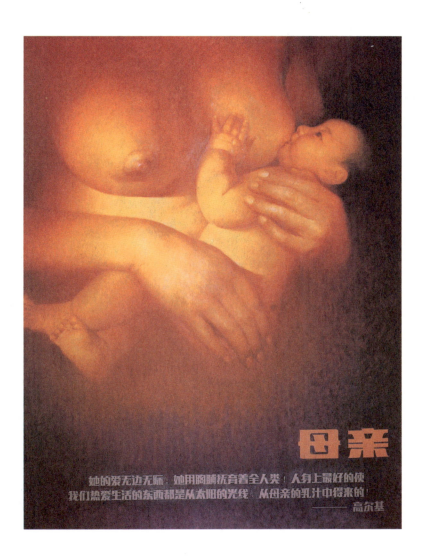

母亲（宣传画）

入选1989年第七届全国美术作品展览

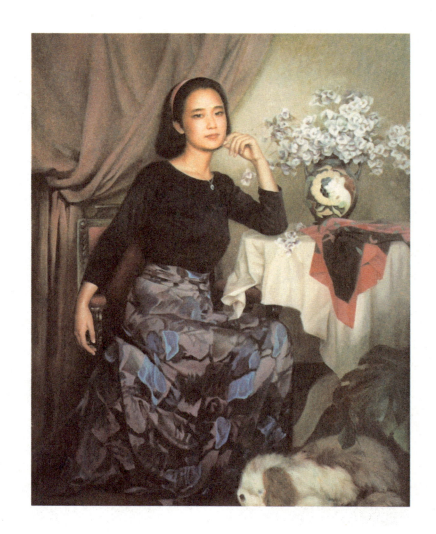

金颜（油画）

入选1994年第八届全国美术作品展览

团结起来，为建设社会主义的现代化强国而奋斗！（宣传画）
1978年 辽宁美术出版社出版

万众一心 同心同德奔四化（宣传画）

1983年 天津人民美术出版社出版

热爱祖国，热爱共产党，热爱社会主义（宣传画）

入选1983年全国宣传画展览

人民美术出版社出版

发展地震科学　保护人类生存（宣传画）

入选1989年全国地震美术、书法、摄影展览

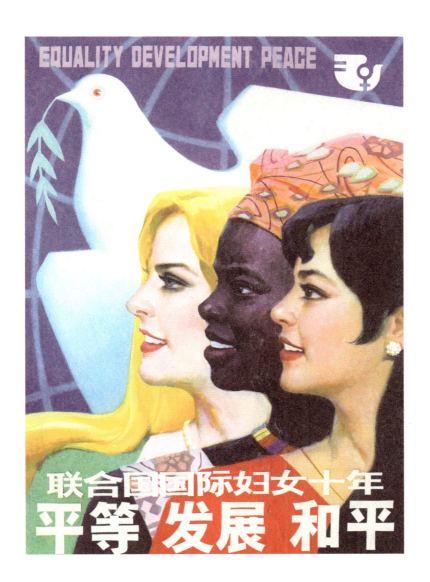

联合国国际妇女十年　平等　发展　和平（宣传画）

1985年　人民美术出版社出版

让我们的生活更有秩序（宣传画）

1983年 辽宁美术出版社出版

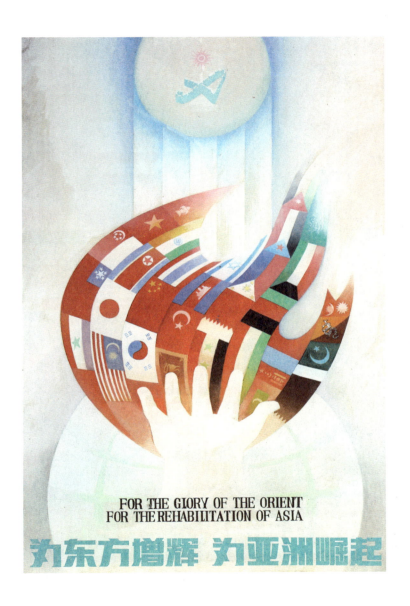

为东方增辉　为亚洲崛起（宣传画）

入选1990年第二届中国体育美术作品展

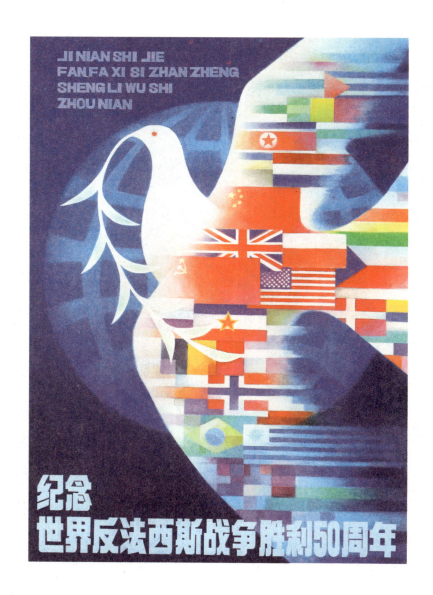

JI NIAN SHI JIE
FAN FA XI SI ZHAN ZHENG
SHENG LI WU SHI
ZHOU NIAN

纪念
世界反法西斯战争胜利50周年

纪念世界反法西斯战争胜利50周年（宣传画）

1995年 辽宁美术出版社出版

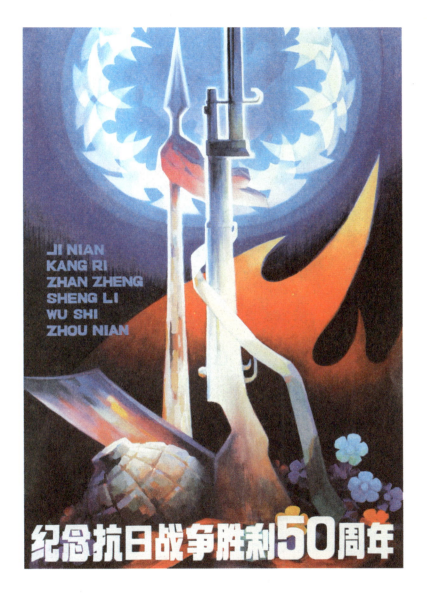

JI NIAN
KANG RI
ZHAN ZHENG
SHENG LI
WU SHI
ZHOU NIAN

纪念抗日战争胜利50周年

纪念抗日战争胜利50周年（宣传画）

1995年　辽宁美术出版社出版

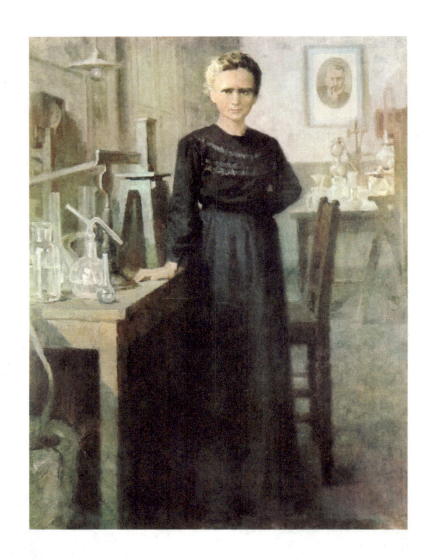

居里夫人（油画）

1979年　上海教育出版社出版

残疾人走向社会（宣传画）

1987年　人民美术出版社出版

礼貌待人（宣传画）

1983年　辽宁美术出版社出版

执行消防条例　保卫四化建设（宣传画）

1984年　上海科学技术出版社出版

遵守纪律（宣传画）

入选1983年全国宣传画展览　人民美术出版社出版

兑德仁

棒棰岛　●　「金苹果」文艺丛书

大力开展"五讲"、"四美"活动（宣传画）

1981年　人民美术出版社出版

培养高尚的道德情操（宣传画）

1978年　上海教育出版社出版

发挥工人阶级的主力军作用，加速实现四个现代化（宣传画）

1978年　人民美术出版社出版

全党动员向科学技术现代化进军（宣传画）

1978年 人民美术出版社出版

热烈庆祝中国工会第九次全国代表大会胜利召开（宣传画）

1978年　人民美术出版社出版

振兴中华（宣传画）

1984年　辽宁美术出版社出版

大连服装节·康艺杯中国农民吹奏乐邀请赛（宣传画）

1988年

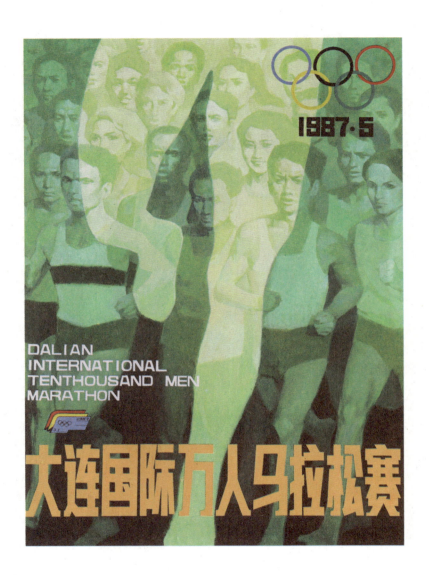

大连国际万人马拉松赛（宣传画）

1987年

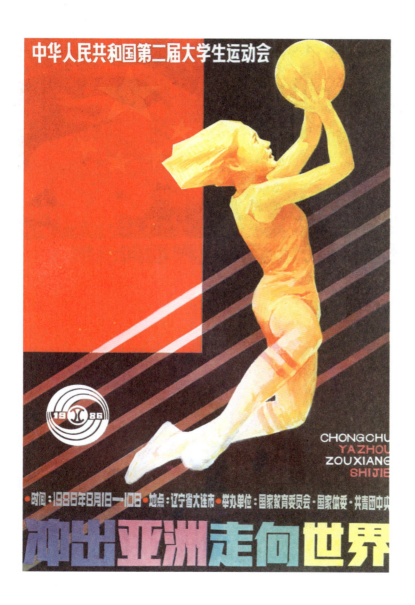

冲出亚洲 走向世界（宣传画）

1986年

面向现代化　面向世界　面向未来（宣传画）

1986年　举办单位：国家教育委员会·国家体委·共青团中央

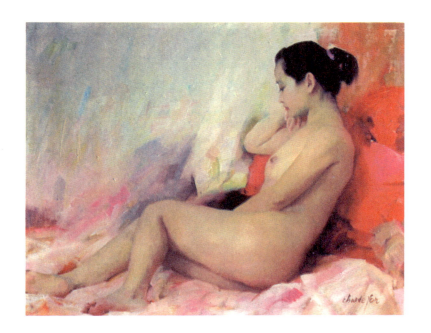

人体写生（油画）

1978年

棒棰岛 · 『金苹果』文艺丛书

舞蹈新秀（水粉画）

1977年

人物写生（水粉画）

1977年

棒棰岛 ·『金苹果』文艺丛书

人物写生（水粉画）

1977年

素描

1974年

素描
1974年

速写

1972年

速写

1972年

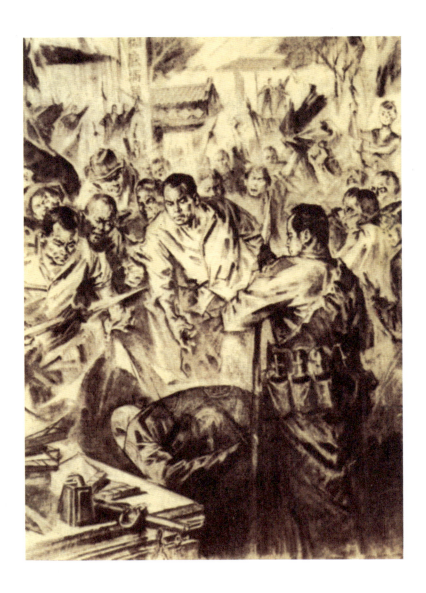

图书插图

1973年

捕鲸（国画）

1973年入选全国连环画、中国画展览

花季系列（彩墨画）
2005年入选第二届全国中国画展

雪花少女（彩墨画）

1994年

馨梦（彩墨画）

1995年

花季少女（彩墨画）

2000年

浴（彩墨画）

1995年

晨曲（彩墨画）

1995年

白鹭（中国画）

1994年

馨梦（彩墨画）

2000年

云南少女（彩墨画）

1995年

花季系列（中国画）

2000年

春晓（彩墨画）

2008年

幽谷（水墨画）

2000年

花季系列（彩墨画）

1999年

水墨画

1994年

花季系列（彩墨画）

1995年

棒棰岛 ● 『金苹果』文艺丛书

水墨画
1993年

花季系列（彩墨画）

1999年

水墨画

1995年

水墨画

1995年

花季系列（彩墨画）

1995年

月浴（中国画）

1998年

水墨画
2010年

水墨画

2010年

水墨画
1993年

水墨画

1993年

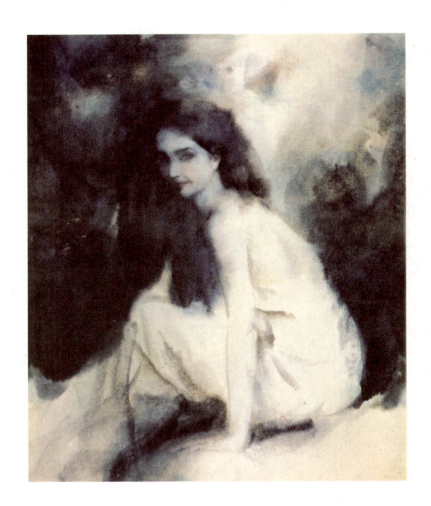

月下（水墨画）

1994年

艺术年表

1964年　调入大连铁路文化宫任美术员。

1968年　参加大连市阶级教育展览美术创作。

1969年　油画《大战三万三》入选辽宁省美术作品展览。

1970年　调入大连市群众艺术馆。

1971年　宣传画《反骄破满 乘胜前进》《学大寨 赶昔阳 坚决
　　　　打好农业翻身仗》入选辽宁省美术作品展览，入编《辽
　　　　宁省工农兵美术作品选》（辽宁人民出版社出版）。

1972年　由省展组委会提名与美院老师在辽宁省美术馆正面大
　　　　厅进行大幅油画制作。
　　　　油画《捕鲸》入选辽宁省美术作品展览。

1973年　参加由沈阳鲁迅美术学院举办的油画学习班。
　　　　国画《捕鲸》入选全国连环画、中国画展览，入编
　　　　《中国画选集》（国务院文化组美术作品征集小组
　　　　编，人民美术出版社出版）。

国画《捕鲸》赴美国展出。

1974年　宣传画《毛主席的革命路线胜利万岁——热烈欢呼第四届全国人民代表大会胜利召开》由人民美术出版社出版，并刊发于《民族画报》《连环画报》。

1975年　水粉画《捕鲸》由辽宁省美术出版社出版。

宣传画《全党动员，大办农业，为普及大寨县而奋斗》由辽宁省美术出版社出版，刊发于《辽宁画刊》。

1976年　应中央民族学院邀请，为全院师生现场写生讲学。

1977年　创作油画《周总理视察大连港》（与他人合作）。

1978年　创作宣传画《发挥工人阶级的主力军作用，加速实现四个现代化》。

宣传画《热烈庆祝中国工会第九次全国代表大会胜利召开》由人民美术出版社出版。

宣传画《全党动员向科学技术现代化进军》由人民美术出版社出版。

宣传画《遵守纪律》由人民美术出版社出版。

《培养共产主义道德品质》由上海教育出版社出版。

宣传画《团结起来，为建设社会主义的现代化而奋斗》由辽宁美术出版社出版。

1979年　宣传画《祖国四海欢腾》由辽宁美术出版社出版。

油画《居里夫人》由上海教育出版社出版。

宣传画《春天的花》由辽宁美术出版社出版，并刊发于《辽宁画报》封面。

被全国科普美展组委会特邀在中国美术馆正厅侧面墙面创作大幅作品《百花迎春》。

宣传画《百花迎春》《全国科普美展海报》入选全国科普美展。

宣传画《迎春》入选全国科普美展，后获一等奖。

1980年　宣传画《迎春》刊发于《中国青年》封面、《解放军画报》、《江苏画刊》。

应江苏美协和江苏出版社邀请参加全国宣传画创作座谈会并发言，中国老一辈著名画家翁逸之、哈琼文，中国知名画家梁照堂、李醒韬等与会。

当选大连市青年联合会副主席。

成立大连市青年美协并当选主席。

作品《青春的旋律》参加全国九城市各族青年美术书法摄影展，获优秀奖。

当选大连市政协委员（连任五届）。

当选大连市海外联谊会理事。

1981年　宣传画《五讲四美新花开》《探求》由辽宁美术出版社出版。

宣传画《迎春》由江苏美术出版社出版。

宣传画《大力开展"五讲"、"四美"活动》由人民美术出版社出版。

宣传画《迎春》作为范画入编全日制中学课本《美术》（上海市中小学教材编写组编，人民美术出版社出版）。

1982年　　宣传画《积极参加劳动　爱惜劳动成果》《专心听讲　认真完成作业》《好好学习，天天向上》由人民美术出版社出版。

1983年　　反映中学德育教育四幅宣传画作品《马克思主义常识教育》《爱国主义教育》《国际主义教育》《理想教育》由重庆出版社发行。

宣传画《让我们的生活更有秩序》《迎春》刊发于《美术》杂志。

宣传画《制止空气污染》入选全国宣传画美展，获二等奖。

《遵守纪律》《热爱祖国，热爱共产党，热爱社会主义》入选全国宣传画美展。

宣传画《热爱祖国》（人民美术出版社出版），刊发于《红旗》杂志封二、《北京文学》封底。

宣传画《礼貌待人》《让我们的生活更有秩序》刊发于《辽宁画报》，并由辽宁美术出版社出版。

宣传画《万众一心　同心同德奔四化》由天津人民美术出版社出版。

宣传画《迎春》作为范画入编全国中等师范学校美术

课本《绘画》（人民美术出版社出版）。

宣传画《执行消防条例 保卫四化建设》由上海科学技术出版社出版（中华人民共和国公安部消防局审定）。

宣传画《制止空气污染》刊发于《美术》杂志第一期，同时发表文章《发挥宣传画号角作用》。

宣传画《热爱祖国》刊发于《广西美术》封二。

宣传画《立志攀登科学高峰》由上海教育出版社出版。

被中华人民共和国文化部、中国美术家协会特聘为第六届全国美术展览评委会委员。

宣传画《伟大的社会主义祖国欣欣向荣》（人民美术出版社出版）入选第六届全国美术作品展览，获优秀奖。

为表彰对发展社会主义文艺事业的贡献，市政府决定予以晋升二级工资的奖励。

被辽宁省人民政府授予劳动模范称号。

宣传画作品二幅入编《全国宣传画作品选》画册出版。

宣传画作品入编中国获奖美术作品画库《宣传画获奖作品集》（天津人民美术出版社出版）。

宣传画《振兴中华》五幅作品入选庆祝中华人民共和国成立三十五周年辽宁省美术作品展览。

为庆祝中华人民共和国成立三十五周年创作四幅作品《壮丽的图景》《希望的田野》《科学的春天》《保卫你，祖国》被中国邮政总局审定为纪念邮票全国发行。

1985年　宣传画《制止空气污染》入编《中国新文艺大系（1976—1982）·美术集》（中国文联出版公司出版）。

专题片《他为四化挥彩笔——画家晁德仁》由中央电视台、辽宁电视台、大连电视台先后向全国播出。

宣传画《联合国国际妇女十年　平等　发展　和平》（人民美术出版社出版）。

油画《人物》入选日本国际中心举办的第一届国际美术作品展，入编《创立纪念画集》。

被大连市委、市政府授予劳动模范称号。

1986年　调入大连市文联大连书画院。

宣传画九幅入选《中国宣传招贴画》赴博茨瓦纳展出。

为"大连国际马拉松赛"连续十届创作宣传画十幅出版。

宣传画《冲出亚洲　走向世界》《面向现代化　面向世界　面向未来》由中华人民共和国第二届大学生运动会筹委会审定出版。

1987年　被评为国家二级美术师。

宣传画《亿万人民的心愿》入选全国农村科技致富科普美术展览。

应太平洋国际艺术教育会议主席邀请参加美国、日本、亚细亚太平洋艺术教育会议。

被河南省宣传画学会聘为顾问。

宣传画《残疾人走向社会》《全社会都来关心残疾人》等四幅作品由人民美术出版社出版。

1988年　宣传画《迎春》作为范画入编《现代实用广告平面设计》（辽宁美术出版社出版）。

为大连服装节连续四年创作四幅作品出版。

宣传画《以经济建设为中心，坚定社会主义道路》由天津人民美术出版社出版。

1989年　当选大连市美术家协会副主席兼秘书长。

被中华人民共和国文化部、中国美术家协会聘为第七届全国美术作品展览评委会委员。

宣传画《引进　发展　建设》《母亲》入选第七届全国美术作品展览。

宣传画《发展地震科学　保护人类生存》入选全国地震美术、书法、摄影展览。

宣传画《母亲》入选辽宁省首届文化节美术作品展览。

1990年　入选中国苏联青年美术展览，获优秀奖。

宣传画《没有共产党就没有新中国》入选"美哉中华，爱我中国"科普美术摄影展。

宣传画《亚运之光》《为东方增辉　为亚洲崛起》入选第二届中国体育美术作品展（人民美术出版社出版）。

荣获辽宁省优秀科普美术家称号。

经中国科普作协第三次全国代表大会审定，获建国以来成绩突出的科普美术家称号。

1991年　作品《庆祝中国共产党成立七十周年》刊发于《美术大观》第七期。

作品《迎春》《大连国际马拉松赛》刊发于《美术大观》第八期，并配有评论文章《晁德仁宣传画》。

宣传画《欢庆》《腾飞吧！中华》双双入选全国宣传画美展并获三等奖，入选辽宁省庆祝建党七十周年美展，双双获得一等奖。

宣传画《庆祝中国共产党成立七十周年》由辽宁美术出版社出版。

宣传画《庆祝中国共产党成立七十周年》入选辽宁省庆祝中国共产党成立七十周年美术作品展览。

作品《迎春》作为范画入编《绘画入门》（广西美术出版社出版）。

1992年　大连新时期文艺评论集《这是一方沃土》收入评论文章《在生活的海洋里采撷，在艺术的王国里探索——评晁德仁的宣传画》（大连出版社出版）。

大连市人民政府为表彰对繁荣文艺事业做出的贡献，授予大连市文艺最高奖"金苹果"奖。

为表彰为发展我国文化艺术事业做出的贡献，中国人民共和国国务院决定从1992年10月起发给特殊津贴。

自中国函授书画大学毕业。

宣传画《纪念〈在延安文艺座谈会上的讲话〉50周年》由辽宁美术出版社出版。

入选纪念毛主席《在延安文艺座谈会上的讲话》发表五十周年美术展览（辽宁省美术家协会主办）。

1993年　应重庆出版社邀请参加学术活动，应河南美协等邀请参加学术活动。

1994年　应爱知县日中友好协会邀请赴日举办个展。

被中华人民共和国文化部、中国美术家协会聘为第八届全国美术作品展览评委会委员。

油画《金颜》入选第八届全国美术作品展览。

1995年　宣传画《纪念抗日战争胜利50周年》《纪念世界反法西斯战争胜利50周年》由辽宁美术出版社出版，并刊发于《美术大观》。

宣传画《实行计划生育是妇女自身解放的必由之路》《人人参与户户知晓　计划生育强国之宝》由四川、广州的出版社出版发行。

作品《计划生育宣传画》荣获第二届中国人口文化奖"中华杯"二等奖。

1996年　宣传画《陶冶高尚的情操》《努力学习科学文化知识》由全国中小学教材审定委员会通过作为德智体美

劳宣传画（上海教育出版社出版）。

作品参加由朝日新闻电视台、大连电视台在东京主办的阪神地震救灾义卖活动。

1997年　当选大连市美术家协会主席。

彩墨画《秋色》入选全国城市文联书画邀请展。

宣传画《热烈庆祝全国第九次代表大会胜利召开》 由人民美术出版社出版。

应文化部少年基金会和台湾味全文化教育基金会邀请赴台参加海峡两岸儿童"我的梦" 比赛活动评审工作，作品相继在中国美术馆和台湾展出。

1998年　彩墨画《花仙子》入选第三届全国沿海城市美展。

宣传画 《迎春》入编《中国现代美术全集》（人民美术出版社出版）。

应邀参加全国书画扶贫活动，捐赠作品入编画集。

1999年　应邀为新中国成立五十周年创作宣传画 《中华人民共和国万岁》（人民美术出版社出版）。

宣传画《中华人民共和国万岁》入选第九届全国美术作品展览，获优秀奖，入编《第九届全国美术作品展览获奖作品集》（人民美术出版社出版）。

宣传画五幅作品入选建国五十周年辽宁省美术创作成就展。

彩墨画《秋韵》二幅作品入选建国五十周年和澳门回

归双庆"中华情"大型书画展，作品作为礼品赠送澳门。

被日本国际美院聘为顾问。

评论文章《科学与艺术是一个硬币的两面——记辽宁省大连市美协主席晁德仁》由《跨世纪人才》杂志发表。

宣传画《迎春》入编《新中国美术50年（1949—1999）》大型画册（人民美术出版社出版）。

2000年　水墨画《月光下的少女》《花季》入选庆祝海南解放五十周年暨"椰城之夏"第二届中国画作品邀请展。

当选辽宁省美协副主席。

彩墨画《花季》刊发于《美术大观》。

彩墨画作品入选日本札幌国际美术作品展。

2001年　彩墨画《花季》入选2001国际中国画年展（世界知识出版社出版）。

彩墨画《花季》二幅入编《中华情》书画集（世界知识出版社出版）。

被辽宁省美术家协会聘为中国画艺委会副主任。

彩墨画《梦》入选"走进富山美术联展"。

经大连市委、市政府批准，授予大连市优秀专家称号。

2002年　被评为国家一级美术师。

评论文章《人类需要这样的绿色艺术——记画家晁德仁先生》刊发于《艺术收藏》杂志。

再次当选为大连市美术家协会主席。

作为特别招待画家，作品参加在韩国举办的亚细亚美展。

2003年　彩墨画《花雪少女》《馨梦》入选辽宁省中小幅美术作品精品展，并出版作品集。

被省美协选为代表参加中国美术家协会第六次全国代表大会。

2004年　被中国民族画院聘请为高级顾问。

彩墨画《花季》入编中国美术家协会第六届全国代表大会纪念画册。

作品被市政府作为礼品赠送于世界轮椅基金会主席贝林先生。

彩墨画《花季》入选振兴辽宁老工业基地迎接第十届全国美展辽宁省美术作品展，获金奖。

2005年　彩墨画《花季》入选第二届全国中国画展。

再次当选辽宁省美术家协会副主席，当选辽宁省中国画艺委会副主任。

2006年　彩墨画《花季》参加北京中恒信拍卖有限公司"爱心晚会"艺术品拍卖会活动。

彩墨画二幅应邀参加中国绘画提名展，出版画集并配有评论文章《妙境斑斓》。

彩墨画《花季系列》二幅入编《燃情岁月》画册（中

国国际美术出版社出版）。

彩墨画《花季》应邀参加纪念辽宁省美术家协会成立五十周年大型美术展览。

彩墨画《花季》入编《美术界》画册。

2007年　彩墨画《花季》入选首届辽宁省老画家艺术成就展并出版画集。

被聘请为大连市美术家协会名誉主席。

2008年　宣传画《迎春》入选《改革开发·中国美术30年（1978—2008）》大型画册（四川美术出版社出版）。

宣传画《迎春》头版首幅配合专评《浪激潮涌三十载——纪念中国改革开放30周年》刊登于中国《美术报》。

被省美协选为代表参加中国美术家协会第七届全国代表大会。

作品在辽宁省文化文艺界"情系汶川地震灾区"义卖活动中做出贡献，获荣誉证书。

作品参加由辽宁省美协组织的"五一二"汶川地震赈灾义捐。

作品参加"继承与发扬"第四届全国名家邀请展。

2009年　彩墨画二幅参加中日韩国际友好美术交流展。

彩墨画《花季》特邀参加庆祝建国六十周年暨第十一届全国美展辽宁省美术作品展，获评委特别奖。

彩墨画《晨曲》入编《第十届全国美展辽宁展区作品集》。

2010年　为玉树地震义捐美术作品。

作品十二幅刊发于《中国民航》杂志。

作品九幅刊发于《中国当代书画》杂志。

2011年　作品九幅入编《当代名家书画艺术鉴藏丛书》画册（吉林美术出版社出版）。

作品十二幅发表于《上海铁道》杂志。

宣传画《迎春》入选辽宁省优秀作品进京展，并入编《辉煌历程　时代丹青》。

宣传画《迎春》经中国美术馆收藏评鉴委员会决定，被中国美术馆收藏。

2012年　作品三幅刊发于《德泰艺术·视界》，并配有评论文章《春的使者，春的讯息——读画家晁德仁的宣传画艺术》《晁德仁和他的〈迎春〉》。

2015年　宣传画《迎春》入选中国美术馆"典藏活化"系列展，并入编《人民的形象美术作品集》（人民美术出版社出版）。